高等职业院校前沿技术专业特色教材　　　　　　丛书主编　杨云江

电子商务数据分析

蒙国春　吴雪卡　吴寿锋　李　娟　主编

清华大学出版社
北京

内 容 简 介

本书以电子商务数据分析职业技能等级标准为依据，内容包括认识商务数据分析、数据分析在电子商务中的运用、基础数据的采集、常用的分析方法、用户行为分析、商务数据分析及综合应用实例等。

本书采用项目情景式引入方法，设计的任务由浅入深、循序渐进。全书内容翔实、语言简练、图文并茂，具有很强的可操作性和实用性，并且将思政教育理念有机地融入教材之中，这也是本书最大的亮点和特色。

本书可以作为职业院校电子商务类专业的教材，也可供电子商务工作者参考使用。

本书封面贴有清华大学出版社防伪标签，无标签者不得销售。
版权所有，侵权必究。举报：010-62782989，beiqinquan@tup.tsinghua.edu.cn。

图书在版编目(CIP)数据

电子商务数据分析/蒙国春等主编.—北京：清华大学出版社，2023.8
高等职业院校前沿技术专业特色教材
ISBN 978-7-302-63856-8

Ⅰ.①电… Ⅱ.①蒙… Ⅲ.①电子商务－数据处理－高等职业教育－教材 Ⅳ.①F713.36 ②TP274

中国国家版本馆CIP数据核字(2023)第108295号

责任编辑：田在儒
封面设计：刘 键
责任校对：李 梅
责任印制：丛怀宇

出版发行：清华大学出版社
    网　　址：http://www.tup.com.cn，http://www.wqbook.com
    地　　址：北京清华大学学研大厦A座　　邮　编：100084
    社 总 机：010-83470000　　邮　购：010-62786544
    投稿与读者服务：010-62776969，c-service@tup.tsinghua.edu.cn
    质量反馈：010-62772015，zhiliang@tup.tsinghua.edu.cn
    课件下载：http://www.tup.com.cn，010-83470410
印 装 者：三河市龙大印装有限公司
经　　销：全国新华书店
开　　本：185mm×260mm　　印　张：10.5　　字　数：261千字
版　　次：2023年10月第1版　　印　次：2023年10月第1次印刷
定　　价：39.00元

产品编号：089382-01

丛书编委会

编委会顾问：

谢　泉　民进贵州省委副主任委员、贵州大学大数据与信息工程学院院长、
　　　　教授、博士、博士生导师
尹艺霏　贵州工商职业学院执行校长
潘　毅　贵州工商职业学院常务副校长、副教授
郑海东　贵州电子信息职业技术学院副院长、教授
刘　猛　贵州省电子信息技师学院院长、副教授
陈文举　贵州大学职业技术学院院长、教授
董　芳　贵州工业职业技术学院院长、教授
王仕杰　贵州工商职业学院大数据学院院长、副教授
王正万　贵州电子信息职业技术学院教务处处长、教授
肖迎群　贵州理工学院大数据学院院长、博士、教授
张仁津　贵州师范大学大数据学院院长、教授、硕士生导师

编委会主任兼丛书主编：

杨云江　贵州理工学院信息网络中心原主任、贵州工商职业学院特聘专家、
　　　　教授、硕士生导师

编委会副主任（按汉语拼音字母顺序排列）：

程仁芬　侯　宇　王佳祥　徐雅琴　杨　前

编委会成员（排名不分先后）：

包大宏	陈海英	丁文茜	冯　成	冯　丽	郭俊亮	龚良彩	何金蓉
胡艳菊	胡寿孝	兰晓天	李　萍	李　娟	李　力	李吉桃	黎小花
刘德双	刘桂花	刘建国	龙　汐	刘　睿	刘珠文	莫兴军	任丽娜
任　俊	任　桦	石齐钧	谭　杨	田　忠	文正昌	吴　鹏	杨汝洁
袁雪梦	张成城	周云竹	钟国生	周雪梅	周　华	张洪川	张辰宇

丛 书 序

多年来,党和国家在重视高等教育的同时,给予了职业教育更多的关注,2002年和2005年国务院先后两次召开了全国职业教育工作会议,强调要坚持大力发展职业教育;2005年国务院下发的《关于大力发展职业教育的决定》,更加明确了要把职业教育作为经济社会发展的重要基础和教育工作的战略重点;2019年2月,教育部颁布了《国家职业教育改革实施方案》、2019年4月教育部颁布了《高职扩招专项工作实施方案》、2021年4月国务院颁布了《中华人民共和国民办教育促进法实施条例》,进一步加大了职业教育的办学力度;2022年全国人大常委会颁布了《中华人民共和国职业教育法》,更是从政策和法律层面为职业教育提供了保障。党中央、国务院关于职业教育工作的一系列方针和政策,体现了对职业教育的高度重视,为我国的职业教育指明了发展方向。

高等职业教育是职业教育的重要组成部分。由于高等职业学校着重于学生技能的培养,培养出来的学生动手能力较强,因此其毕业生越来越受到社会各行各业的欢迎和关注,就业率连续多年都保持在90%以上,从而促使高等职业教育呈快速增长的趋势,学校的招生规模不断扩大,发展迅猛,仅2019年就扩招了100万人。目前,全国共有高等职业院校1 300多所,在校学生人数已达1 000万人。

质量要提高、教学要改革,这是职业教育教学的基本目标,为了达到这个目标,除了要打造良好的学习环境和氛围、配备优秀的管理队伍、培养优秀的师资队伍和教学团队外,还需要高质量的、符合高职教学特点的教材。根据这一目标,以及教育部、财政部《关于实施中国特色高水平高职学校和专业建设计划的意见》(教职成〔2019〕5号)的文件精神:"要组建高水平、结构化教师教学创新团队,探索教师分工协作的模块化教学模式,深化教材与教法改革,推动课堂革命",丛书编审委员会以贵州省建设大数据基地为契机,组织贵州、云南、山西、广东、河北等省的二十多所高等职业院校的一线骨干教师,经过精心组织并在广泛征求意见的基础上编写出这套云计算与大数据方向、智能科学与人工智能方向、电子商务与物联网方向、数字媒体与虚拟现实方向的"高等职业院校前沿技术专业特色教材"系列丛书,以期为推动高等职业教育教材改革做出积极而有益的探索。

按照高职教育新的教学方法、教学模式及特点,我们在总结传统教材编写模式及特点的基础上,对"项目—任务驱动"的教材模式进行了拓展,以"项目+任务导入+知识点+任务实施+上机实训+课外练习"的模式作为本套丛书主要的编写模式,同时也有针对以实用案例导入进行教学的"项目—案例导入"结构的拓展模式,即"项目+案例导入+知识点+案例分析与实施+上机实训+课外练习"的编写模式。

为了贯彻"要把思想政治工作贯穿教育教学全过程"的思政教育指导思想和党的二十大报告精神,即"全面贯彻党的教育方针,落实立德树人根本任务,培养德智体美劳全面发展的社会主义建设者和接班人",我们将课程思政和课程素养的理念融入教材之中,主要体现在以下几个方面。

(1) 提倡立德树人、团结拼搏、团队协作精神。

(2) 禁止有损党和国家利益以及民族利益的言论;禁止有损党和国家领导人的言论。

(3) 传播正能量,杜绝负能量信息和负面信息。

(4) 对图片严格把关,杜绝色情、暴力以及低级趣味的图片。

(5) 禁用涉及国家机密和军事机密的信息作为案例、禁用侵害个人隐私的言行作为案例。

(6) 挖掘教材中"知识点、案例和习题"中的思政元素,帮助学生和读者在学习和掌握专业课程知识的同时,树立弘扬正气、立德做人、团队协作、感恩报国的思想理念。

丛书具有以下主要特色。

(1) 本套丛书涵盖了全国应用型人才培养信息化前沿技术的四大主流方向,即云计算与大数据方向、智能科学与人工智能方向、电子商务与物联网方向、数字媒体与虚拟现实方向。

(2) 注重理论与实践相结合,强调应用型本科及职业院校的特点,突出实用性和可操作性。丛书中的每本教材都含有大量的应用实例,大部分教材都有1~2个完整的案例分析。旨在帮助学生在每学完一门课程后,都能将所学知识应用到相关工作中。

(3) 每本教材的内容全面且完整、结构安排合理、图文并茂。文字表达清晰、通俗易懂、内容循序渐进,旨在更好地帮助读者学习和理解教材的内容。

(4) 每本教材的主编及参编者都是长期从事高职前沿技术专业教学的高职教师,具有较深的理论知识,并具有丰富的教学经验和工程实践经验。本套丛书是这些教师多年教学经验和工程实践经验的结晶。

(5) 本丛书的编委会成员由相关高校及高职的专家、学者及领导组成,负责对教材的目录、结构、内容和质量进行指导和审查,能很好地保证教材的质量。

(6) 丛书引入数字资源技术,将主要彩色图片、动画效果、程序运行效果、工具软件的安装过程以及辅助参考资料以二维码的形式呈现在教材中。

(7) 将逐步建设和推行微课教材。

希望本套丛书的出版能为我国高等职业教育尽微薄之力,更希望能给高等职业学校的教师和学生带来新的感受和帮助。

谢 泉

2023 年 1 月

前　言

互联网技术发展迅速，信息技术广泛传播，人们的日常生活开始走向大数据时代，大数据和电子商务的结合应用已成为新的发展趋势。大数据时代给我国电子商务企业带来了新的发展机遇，同时也给电子商务的发展带来了更多新的挑战。为此，我们组织课程教学经验丰富的"双师型"骨干教师联合企业工程师编写了这本适合在校学生学习使用的《电子商务数据分析》。

本书以六个项目为载体，首先介绍了商务数据分析，概述了商务数据的作用、流程以及价值，其次从四个方面分析了大数据在电子商务中的运用，剖析了大数据给电子商务带来的机遇和挑战，然后分析了基础数据的采集、常用的分析方法并对用户行为进行分析，最后根据前面的内容进行商务数据分析及综合应用实例分析，探讨了数据分析在电子商务中的重要性等内容。

本书内容结构合理，条理清晰。教师可轻松方便地备课、讲解、指导实习，同时鼓励学生通过课本、市场、网络等渠道全方位地进行学习，使教与学、学与用紧密结合。全书以项目为载体，以任务为驱动，将思政内容有效融入课程，强化职业素养的提升，从而实现课程教学目标。

本书由三所职业院校和多位企业人员在广泛征求高职高专院校授课教师意见的基础上联合编写完成。本书内容紧跟市场发展和企业需求的变化，采用"学、练、做、训"一体，以学习者为中心，充分体现了现代高职教育特色。本书建议68学时的教学（含理论和实训，比例为1∶1）。

全书由蒙国春统稿，由蒙国春、吴雪卡、吴寿锋、李娟担任主编，项目1由李娟编写；项目2由蒙国春编写；项目3、6由吴寿锋编写；项目4、5由吴雪卡编写。贵州理工学院信息网络中心原主任、贵州工商职业学院特聘专家杨云江教授担任丛书的总主编和本书的主审，负责教材目录架构、书稿架构的设计和审定，以及书稿内容的初审工作；高职院校的莫兴军、杨前、石齐钧、王苏兰、周荣、杨彦、龙虹灰及企业的沈成先和石承钰等老师参与了教材的目录架构、内容架构的设计和论证工作。

本书在编写过程中，得到了许多兄弟院校教师和相关企业的关心和帮助，并提出了许多宝贵的修改意见，对于他们的关心、帮助和支持，编者表示十分感谢。

由于互联网技术发展迅速，应用软件版本升级较快，加上编者水平有限且时间仓促，不足和疏漏之处在所难免，恳请广大专家和读者批评指正。

编　者

2023年5月

目　录

项目1　认识商务数据分析 ·· 1
    1.1　数据分析的含义 ·· 2
    1.2　大数据的含义 ··· 3
    1.3　大数据的特征 ··· 3
    1.4　数据的类型 ·· 4
    1.5　商务数据分析的作用 ··· 5
    1.6　商务数据分析的流程 ··· 5
    1.7　商务数据分析的价值 ··· 7
    思考题 ·· 7

项目2　数据分析在电子商务中的运用 ·· 9
    2.1　行业分析 ·· 10
    2.2　客户分析 ·· 17
    2.3　产品分析 ·· 27
    2.4　运营分析 ·· 36
    思考题 ·· 45

项目3　基础数据的采集 ·· 48
    3.1　数据采集的认知 ·· 49
    3.2　数据采集的渠道及工具 ··· 52
    3.3　市场数据采集 ··· 56
    3.4　运营数据采集 ··· 59
    3.5　产品数据采集 ··· 68
    思考题 ·· 72

项目4　常用的分析方法 ·· 74
    4.1　描述性统计分析 ·· 76
    4.2　趋势分析 ·· 80
    4.3　对比分析 ·· 99
    4.4　其他分析方法 ··· 104

思考题 …………………………………………………………………………… 118

项目 5　用户行为分析 ………………………………………………………………… 119
　　5.1　用户行为数据发展 ……………………………………………………………… 120
　　5.2　认识用户行为数据 ……………………………………………………………… 124
　　5.3　用户行为数据的趋势和价值 …………………………………………………… 128
　　5.4　用户行为数据的运用 …………………………………………………………… 134
　　　思考题 …………………………………………………………………………… 136

项目 6　商务数据分析及综合应用实例 ……………………………………………… 137
　　6.1　报告概述 ………………………………………………………………………… 138
　　6.2　报告实例 ………………………………………………………………………… 146
　　　思考题 …………………………………………………………………………… 154

参考文献 ……………………………………………………………………………… 156

项目 1

认识商务数据分析

【项目简介】

　　随着信息化时代的到来,大数据渗透到人们生活的方方面面,悄然改变着人们的生活,随着各行各业的发展,数据量呈指数级增长,数据金矿的挖掘成为现代商家的主要战场,商务数据分析有利于企业实现精准决策和提升抗风险能力。本项目主要介绍什么是电商数据分析,数据分析的作用是什么以及数据分析的流程和价值。

【知识培养目标】

(1) 理解什么是数据分析。

(2) 数据分析的作用、流程和价值。

【能力培养目标】

(1) 能够在国家统计局进行数据查询。

(2) 能够用百度指数官网查询了解各行业的数据。

(3) 掌握商务数据分析的流程。

【思政培养目标】

课程思政及素养培养目标如表1-1所示。

表1-1　课程内容与课程思政培养目标关联表

知识点	知识点诠释	思政元素	培养目标及实现方法
数据分析	用统计分析方法对收集来的大量数据进行分析,将它们加以汇总、理解并消化,以求最大化地开发数据的功能,发挥数据的作用	做好数据分析,就需要去采集数据,采集数据要规范。没有规矩不成方圆。要讲政治、讲规矩	培养学生具有用法律、用制度、用社会行为规范约束自己的自觉性
数据分析的商用	数据分析是有组织有目的地收集数据、分析数据,使之成为信息的过程。这一过程是质量管理体系的支持过程。在产品的整个寿命周期的各个过程中都需要适当运用数据分析,以提升有效性	大数据是商业价值的核心,所有信息都围绕核心价值进行运营。国家也有核心、党也有核心,核心意识是每个公民的基本意识	培养学生具有核心意识和中心意识
数据的可视化	数据的可视化指把数据观点展现出来的过程	数据分析结果要展现出来,才能为决策者提供价值。国家民族实力也需要展示,这样才能给人民增加自信	培养学生具有勇于担当的集体意识和团队合作精神

【思维导图】

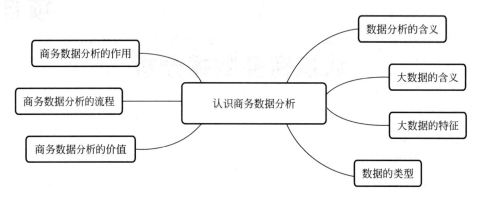

【案例导入】

在一家超市里有一个有趣的现象：尿布和啤酒赫然摆在一起出售。但是这个奇怪的举措却使尿布和啤酒的销量双双增加了。这不是一个笑话，而是发生在美国沃尔玛连锁超市的真实案例，并一直为商家津津乐道。

沃尔玛拥有世界上最大的数据仓库系统，为了能够准确了解顾客在其门店的购买习惯，沃尔玛对顾客的购物行为进行了购物篮分析，想知道顾客经常一起购买的商品有哪些。沃尔玛数据仓库里集中了各门店的详细原始交易数据，在这些原始交易数据的基础上，沃尔玛利用数据挖掘的方法对这些数据进行了分析和挖掘。

一个意外的发现是：跟尿布一起购买最多的商品竟是啤酒。经过大量实际调查和分析，揭示了一个隐藏在"尿布与啤酒"背后的美国人的一种行为模式：在美国，一些年轻的父亲下班后经常要到超市去买婴儿尿布，而他们中有30%～40%的人同时也会为自己买一些啤酒。产生这一现象的原因是：美国的太太们常叮嘱她们的丈夫下班后为小孩买尿布，而丈夫们在买完尿布后又随手带回了他们喜欢的啤酒。

1.1 数据分析的含义

1. 数据与电子商务数据的含义

数据是通过科学实验、检验、统计等方式所获得的，用于科学研究、技术设计、查证、决策等的数值，其表现形式可以是符号、文字、数字、语音、图像、视频等。

电子商务数据是企业进行电子商务活动时产生的行为数据和商业数据。行为数据能够反映客户行为，如客户访问情况、客户浏览情况等；商业数据能够反映企业运营状况，如企业产品交易量、企业投资回报率等。

2. 数据分析与电子商务数据分析的含义

数据分析指通过建立分析模型，对数据进行核对、检查、复算、判断等操作，将数据的现实状态与理想状态进行比较，从而发现规律，得到分析结果的过程。

电子商务数据分析指运用有效的方法和工具收集、处理数据并获取信息的过程。其目的是从杂乱无章的数据中提炼出有用数据，用于研究指标的内在规律和特点，指导企业运营和优化。

1.2 大数据的含义

高速发展的信息时代,新一轮科技革命和变革正在加速推进,技术创新日益成为重塑经济发展模式和促进经济增长的重要驱动力量,而"大数据"无疑是核心推动力。

最早提出"大数据"这一概念的是全球知名咨询公司麦肯锡,它是这样定义大数据的:一种规模大到在获取、存储、管理、分析方面大大超出了传统数据库软件工具能力范围的数据集合,具有海量的数据规模、快速的数据流转、多样的数据类型以及极高的价值密度四大特征。

研究机构 Gartner 将大数据定义为需要新处理模式才能具有更强的决策力、洞察发现力和流转优化能力来适应海量、高增长率和多样化的信息资产。

从技术角度看,大数据的战略意义不在于掌握庞大的数据,而在于对这些含有意义的数据进行专业化处理,换言之,如果把大数据比作一种产业,那么这种产业盈利的关键在于提高对数据的"加工能力",通过"加工"实现数据的"增值"。

1.3 大数据的特征

一般认为,大数据主要具有四个方面的典型特征,即大量、多样、高速和价值,合称 4V,如图 1-1 所示。

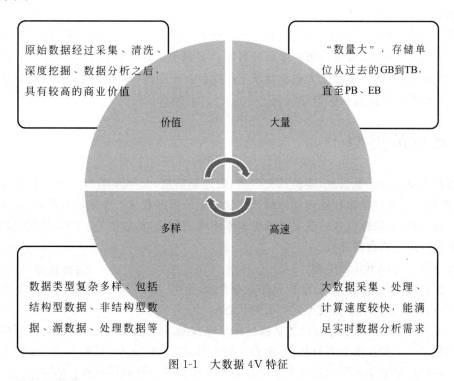

图 1-1 大数据 4V 特征

4V 特征的简要介绍具体如下。

1. 大量

大数据的特征首先是数据规模大。随着互联网、物联网、移动互联技术的发展,任何事务的所有轨迹都可以被记录下来，数据呈现出爆发性增长。数据相关计量单位的换算关系如表 1-2 所示。

2. 多样

数据来源的广泛性，决定了数据形式的多样性。大数据可以分为三类，一是结构化数据，如财务系统数据、信息管理系统数据、医疗系统数据等，其特点是数据间因果关系强；二是非结构化的数据，如视频、图片、音频等，其特点是数据间没有因果关系；三是半结构化数据，如 HTML 文档、邮件、网页等，其特点是数据间的因果关系弱。有统计显示，目前结构化数据占据整个互联网数据量的 75％ 以上，而产生价值的大数据，往往是这些非结构化数据。

表 1-2　单位换算关系

换算公式
1B＝8bit
1KB＝1 024B
1MB＝1 024KB
1GB＝1 024MB
1TB＝1 024GB

3. 高速

数据的增长速度和处理速度是大数据高速性的重要体现。与以往的报纸、书信等传统数据载体生产传播方式不同，在大数据时代，大数据的交换和传播主要通过互联网和云计算等方式实现，其生产和传播数据的速度是非常迅速的。另外，大数据还要求处理数据的响应速度要快，例如，上亿条数据的分析必须在几秒内完成。数据的输入、处理与丢弃必须立刻见效，几乎无延迟。

4. 价值

大数据的核心特征是价值，其价值密度的高低和数据总量的大小是成反比的，即数据价值密度越高数据总量越小，数据价值密度越低数据总量越大。任何有价值的信息的提取都要依托海量的基础数据，这就引出了大数据背景下存在的一个问题，即如何通过强大的机器算法迅速地在海量数据中完成数据的价值提纯。

1.4　数据的类型

数据并不单指数字类信息，还包括文字类、图形类信息，文字和图形从表面上看与数据没有关系，但是只要经过挖掘和处理同样可以找到背后的数据意义。卖家运营网店，不应只关心数字类信息，而应将数据信息的收集范围扩大到不同的层面，从数字、文字和图形的信息范畴，进行全面的网店运营数据分析。

数据一般分为以下几种类型。

（1）数字类。数字类信息是最常见的数据类型，其特点是以数字的形式直接呈现在商务业务中，不同的数字类信息呈现不同方面的状态。

（2）文字类。文字类信息通过文字描述来呈现数据，对于商务活动，文字信息同样具有数据分析的意义。例如在消费者分析中，消费者的人群是"女性"还是"男性"，是"年轻人"，还是"中年人"，或者是"老年人"等，这些文字类信息对电子商务运营同样具有战略性意义。

（3）图形类。图形类信息通过图片或者图形呈现信息，在电子商务中这些图形主要用于帮助卖家的店铺做装修和图片设计。例如卖家可以通过生意参谋的热力图分析消费者在网页中哪个位置点击量最大，从而调整店铺的装修元素。

1.5　商务数据分析的作用

1. 优化产品市场定位

市场定位对电商行业的市场开拓非常重要。市场定位需要有足够的数据来供电商行业研究人员进行分析和判断,数据的收集整理就成为分析过程中最关键的一步。在互联网时代,借助数据挖掘和信息采集技术,不仅能给研究人员提供足够的样本量和数据信息,还能够建立基于大数据的数学模型,并对企业未来的市场进行预测。

2. 管理客户关系

在电商行业市场营销工作中,无论是产品、渠道、价格,还是顾客,每一项工作都与大数据的采集和分析息息相关。在电商行业市场营销工作中,对外通过获取数据并加以统计分析来充分了解市场信息,掌握竞争者的商情和动态,知晓产品在竞争群中所处的市场地位,达到"知己知彼,百战不殆"的目的;对内企业通过积累和挖掘电商行业消费者数据,有助于分析顾客的消费行为和价值取向,便于更好地为消费者服务和形成忠诚顾客。

3. 助力企业收益管理

收益管理是起源于 20 世纪 80 年代的一种谋求收入最大化的新经营管理技术,意在把合适的产品或服务在合适的时间内以合适的价格通过合适的销售渠道出售给合适的顾客,最终实现企业收益最大化目标。要达到收益管理的目标,需求预测、细分市场和敏感度分析 3 个重要环节缺一不可,而推进这 3 个环节的就是大数据。

4. 挖掘用户需求

竞争的本质不在于将产品原有属性进行优化,而是为了创造产品的新属性,满足用户需求是前提,但创造用户新需求才是行业革命的必要条件。随着网络社交媒体的技术发展,在论坛、微博、微信、点评网、评论版上,无数的网络评论形成了交互性的大数据,其中蕴藏着巨大的电商行业需求开发价值,通过这些数据挖掘用户需求,能够改良企业的产品,提升用户体验。

1.6　商务数据分析的流程

电子商务数据分析的流程主要由识别商务需求、数据采集、数据预处理、数据分析、数据可视化和数据分析报告撰写六个部分组成。

1. 识别商务需求

在进行商务数据分析之前,必须与企业的相关人员进行沟通,明确数据分析的目的和需要解决的商务问题,只有深刻理解商务数据分析的需求,才能整理出完整的数据分析框架和分析思路,从而为数据采集、数据分析提供清晰的目标。

2. 数据采集

在电子商务数据分析中,数据采集一般直接到网络数据库中获取数据,数据分析师需要通过数据库工具如 SQL,访问相关数据库,采集所需数据。如果是一般运营人员,则需要看企业后台的数据,以电商企业为例,一般运营人员需要使用生意参谋、阿里指数、百度指数等工具,并从这些工具里去查看相关行业数据,以分析出当下热卖产品,行业热卖产品,流行趋势,等等。

3. 数据预处理

数据预处理指对采集到的数据进行加工、整理、以便进一步开展数据分析的过程，它是数据分析中必不可少的阶段。数据预处理一般包括数据审查、数据清洗、数据转换和数据验证以下4个步骤。

第1步，数据审查。该步骤检查数据的数量（记录数）是否满足分析的最低要求，字段值的内容是否与调查要求一致，是否全面；数据审查还包括利用描述性统计分析，检查各个字段的字段类型、字段值的最大值、最小值、平均数、中位数等，记录个数、缺失值或空值个数等。

第2步，数据清理。该步骤针对数据审查过程中发现的明显错误值、缺失值、异常值、可疑数据，选用适当的方法进行"清洗"，使"脏"数据变为"干净"数据，有利于后续的统计分析得出可靠的结论。数据清理还包括对重复记录进行删除。

第3步，数据转换。数据分析强调分析对象的可比性，但不同字段值由于计量单位等不同，往往造成数据不可比；对一些统计指标进行综合评价时，如果统计指标的性质、计量单位不同，也容易引起评价结果出现较大误差，再加上分析过程中的其他一些要求，需要在分析前对数据进行变换，包括无量化处理、线性变换、汇总和聚集、适度化、规范化以及属性构造等。

第4步，数据验证。该步骤的目的是初步评估和判断数据是否满足统计分析的需要，决定是否需要增加或减少数据量。利用简单的线性模型，以及散点图、直方图、折线图等图形进行探索性分析，利用相关分析、一致性检验等方法对数据的准确性进行验证，确保不把错误和偏差的数据带入数据分析中去。

4. 数据分析

数据分析是用适当的分析方法和工具，对处理过的数据进行分析，提取有价值的信息，形成有效结论的过程。通过对数据进行探索式分析，对整个数据集有个全面的认识，以便后续选择恰当的分析策略。

要想驾驭数据、开展数据分析，就要涉及数据分析的工具和方法的使用。一方面要熟悉常用的数据分析方法，如描述性统计分析、趋势分析、对比分析、频数分析、分组分析、平均分析、结构分析、交叉分析等；另一方面要熟练掌握数据分析工具，便于进行专业的统计分析、数据建模等。常用的数据分析工具包括Excel、SPSS、SAS、Python、R语言等，其中Excel中涵盖了大部分数据分析功能，能够有效地对数据进行整理、加工、统计、分析及呈现。掌握Excel的基础分析功能，就能解决大多数的数据分析问题。

5. 数据可视化

数据展现即数据可视化的部分，指把数据观点展示出来的过程。数据展现除了遵循各企业已有的规范原则外，具体形式还要根据实际需求和场景而定。

一般情况下，数据是通过图表的方式来呈现的，因为图表能更加有效、直观地传递出分析师所要表达的观点。常用的数据图表包括饼图、柱形图、条形图、折线图、气泡图、散点图、雷达图等，还可以对数据图表进一步加工整理，变成需要的图形，如金字塔图、矩阵图、漏斗图等。

图表制作一般分为以下六个步骤。

（1）确定图表的表达主题。

（2）选择合适的图表类型。

（3）选择数据制作图表。

（4）完成图表的美化。

（5）检查是否能够真实反映数据。

（6）检查是否能够完整表达观点。

6. 数据分析报告撰写

数据分析报告是对整个数据分析过程的总结与呈现。通过数据分析报告，把数据分析的思路、过程、得出的结论及建议完整地呈现出来，供决策者参考。

一份好的数据分析报告，首先需要结构清晰、主次分明，能使读者正确理解报告内容；其次需要图文并茂，让数据更加生动活泼，提高视觉冲击力，帮助读者更形象、直观地看清楚问题和结论，从而产生思考；最后需要注重数据分析报告的科学性和严谨性，通过报告中对数据分析方法的描述、对数据处理与分析过程的展示，让读者从中感受到整个数据分析过程的科学性和严谨性。

1.7 商务数据分析的价值

1. 成为主要战场

从 20 世纪 90 年代以来，电子商务经历了突飞猛进的发展，阿里巴巴、京东、苏宁易购等各大电商平台积累了大量的原始数据，对这些数据的开发和利用将成为未来企业实现精准营销的利器，数据金矿的挖掘成为现代商家的主要战场。

2. 实现精准决策

大数据时代，企业尤其注重数据分析的作用，数据分析成为企业监测行业竞争，管理客户关系，改善用户体验，精细化运营的关键手段。在企业运营中，数据分析的目的是把隐藏在一大堆看似杂乱无章的数据中的信息集中、萃取和提炼出来，找出研究对象的内在规律，帮助企业做出决策，制订下一步的行动方案。

沃尔玛开发了一个叫作零售链培训的数据工具，其功能在于让供应商预先知道每家店铺的销售和库存情况。通过零售链培训，各供应商可以在沃尔玛发出指令前自行补货，从而极大地减少断货的情况，提高了供应商整体对缺货的处理速度，同时，供应商还可以更多、更好地控制商品在店内的陈设，以此降低库存成本，减少店内商品陈设的投入。

3. 提升抗风险能力

商务数据分析在企业日常经营中能够帮助企业发现做得好的地方，指出需要改进的地方，并把握未来的发展方向。商务数据分析可以帮助企业应对已知的风险和未知的风险。

已知的风险发生概率高，一般后果轻微，不严重。例如某工程项目中，已知的风险常表现为项目目标不明确，进度计划过分乐观，设施或施工变更、材料价格波动等。

未知的风险常常需要依据各种数据分析来进行判断，分为可预测的风险和不可预测的风险。可预测的风险往往需要借助企业的周期性使用数据进行分析，如企业日报、周报等。不可预测的风险指有可能发生，但不能预测其发生的风险。它们是新的，以前未观察到或者很晚才显现出来的风险，具有不可预测性，一般是外部因素作用的结果，如地震、暴雨、通货膨胀、政策变化等。

思考题

（一）单项选择题

1. 狭义的电子商务主体一般是指（　　）。
   A. 政府机关　　　B. 电子商务企业　　　C. 教育机构　　　D. 个人

2. 运营在店铺里需要起到的作用是（　　）。
  A. 管理团队工作 　　　　　　　　B. 确定团队分工
  C. 物流运输 　　　　　　　　　　D. 监控店铺销售数据、制订运营计划
3. 负责项目推广定位和主题策划设计工作，通过自身的主题式营销再结合淘宝活动，增强买家的购物体验，同时增强营销效果，提高店铺转化率。负责以上工作的是企业的（　　）
  A. 市场部　　　　B. 营销部　　　　C. 运营部　　　　D. 推广部
4. 关于电子商务数据化运营的工作流程，正确的是（　　）。
  A. 确定运营目标→数据采集→搭建指标体系→数据分析→持续跟踪→运营优化
  B. 确定运营目标→数据采集→搭建指标体系→数据分析→运营优化→持续跟踪
  C. 确定运营目标→搭建指标体系→数据采集→数据分析→运营优化→持续跟踪
  D. 确定运营目标→搭建指标体系→数据采集→数据分析→持续跟踪→运营优化

（二）判断题

1. 电子商务指通过包括互联网在内的计算机网络实现商品、服务、信息的购买、销售与交换的商务活动。（　　）
2. 一个电商团队的组织架构不是固定不变的，而是变化的。（　　）
3. 狭义的数据化运营主要指数据运营这个工作岗位。（　　）
4. 数据化运营的关键在于数据本身，而不是人们如何使用数据。（　　）
5. 某网店最近销售额下降，老板委派运营小李进行店铺数据分析，小李首先确定了影响销售额的指标是独立访客和客单价。（　　）

（三）问答题

1. 什么是数据分析？
2. 商务数据分析的作用是什么？
3. 商务数据分析的流程是什么？

项目 2

数据分析在电子商务中的运用

【项目简介】

随着经济的不断发展,网络信息技术不断加强,电子商务和大数据的蓬勃发展极大地方便了人们的生活。本项目主要阐述大数据分析与电商营销的含义、大数据分析在电子商务营销中的应用,以及该应用的作用和存在的不足及解决方法。探究大数据分析在电子商务营销中的应用对行业发展具有重要影响。

【知识培养目标】

(1) 熟悉行业分析、客户分析、产品分析和运营分析的目的与内容;
(2) 掌握行业分析、客户分析、产品分析和运营分析的常用方法。

【能力培养目标】

(1) 能够利用网络资源与工具软件进行行业数据采集与分析;
(2) 能够利用工具软件进行客户画像、客户价值分析、商品数据分析。

【思政培养目标】

课程思政及素养培养目标如表 2-1 所示。

表 2-1 课程内容与课程思政培养目标关联表

知识点	知识点诠释	思政元素	培养目标及实现方法
产业链	产业链是产业经济学中的一个概念,即产供销一体化,从原料到消费者手中的整个产业链条,是各个部门之间基于一定的技术经济关联,并依据特定的逻辑关系和时空布局关系客观形成的链条式关联形态	伴随企业产业升级,网络也变得越来越复杂,存在各式各样的缺陷,网络使用者价值观不正确,很容易损害到他人利益。每一个公民应有知法、守法、护法的意识	培养学生遵守法纪、崇德向善、诚实守信、履行道德准则和行为规范,具有社会责任感和社会参与意识
产品生命周期	产品生命周期指产品从准备进入市场开始到被淘汰退出市场为止的全部运动过程,是由需求与技术的生产周期所决定	产品有生命周期,从形成到衰退的整个过程如同人类生命,因此应当珍惜当下,努力过好每一天	培养学生具有尊重生命、热爱生活、积极乐观的精神
FAB 法则	FAB 法则即属性、作用、益处的法则。FAB 对应三个英文单词:feature、advantage 和 benefit。按照这样的说服性演讲结构顺序介绍产品,可以使客户充分相信该产品	FAB 法则让消费者更好地了解产品,知道产品可以解决什么问题。每个人也是一样,要正视自我,认清自我,才能让自己走得更远	培养学生具有自我管理能力,具备职业生涯规划的意识

【思维导图】

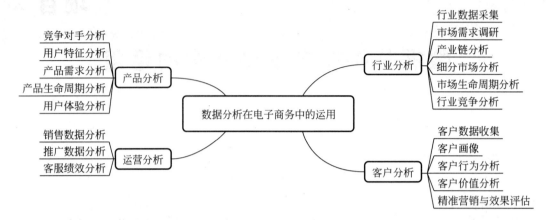

【案例导入】

"丝绸之路经济带"和"21世纪海上丝绸之路"重大倡议被提出后,目前已完成了总体布局,绘就了一幅"大写意"图画。互联网新模式为"一带一路"倡议的快速推进及相关国家的经济增长提供了新动能。其中,由SEM推广带动的跨境电子商务已率先出发,不仅便利了人们的生活,更促进了沿线国家的经济发展,为"一带一路"倡议带来无限可能。跨境电子商务和移动支付迅速进入"一带一路"沿线国家,深刻影响了当地居民的消费习惯。全球速卖通面向海外买家,通过支付宝国际账户进行担保交易,并使用国际快递发货,已成为全球第三大英文在线购物网站。

全球速卖通后台统计显示,在该平台上,月成交30万美元以上的店铺中,有近85%的店铺使用过直通车,相比不使用直通车的卖家,开启直通车的卖家的GMV(gross merchandise volume,成交总额)是普通卖家的近15倍,在全球速卖通平台中,每100笔成交订单中,就有近10笔订单是由直通车带来的。直通车已成为品牌出海营销的利器。

结合案例,思考并回答以下问题。

从该案例中可以看出,SEM推广已经成为网店推广中必不可少的手段,那么SEM的工作原理是怎样的呢?

2.1 行业分析

行业分析是企业创投项目、制定战略、开展咨询调研等活动的基石。一次完整的行业分析通常包括行业数据采集、市场需求调研、产业链分析、细分市场分析、市场生命周期分析、行业竞争分析等步骤。根据不同的出发点,实际在进行行业分析时会有所侧重,但是无论目的如何,分析的核心诉求都是要求准确的数据呈现和具有指导意义的结论。

2.1.1 行业数据采集

1. 行业数据采集的目的

根据行业特性确定数据指标筛选范围,做出符合业务要求的数据报表模板。通过可靠的数据来源与合适的数据采集方式,完成行业数据报表的制作,为后续行业市场分析提供基础数据。

2. 行业数据采集的内容与方法

（1）行业数据采集的内容以数据指标划分，行业数据指标项目应根据企业类型、经营规模、发展目标等具体情况选择，数据指标可以很宽泛，也可以很精练。一般情况下，数据指标至少应包含行业规模、龙头企业、市场大盘等行业信息。

① 行业规模。行业规模相关指标包括市场总营业额、平均利润、平均成本、企业数量、企业类型、企业资产总规模、企业融资渠道、企业地理分布等项目。行业规模直接决定了企业可以获得多少收入，可以容纳多少公司，如表2-2所示。

表 2-2　行业规模信息采集表

市场总营业额	平均利润	平均成本	企业数量	企业类型	企业资产总规模	企业融资渠道	企业地理分布

② 龙头企业。行业内龙头企业的信息采集，一般包括企业名称、主营业务、企业类型（组织结构、所跨行业、规模、是否为上市公司等）、总股本、总资产、净资产和销售区域、利润和增长率等指标，如表2-3所示。

表 2-3　龙头企业信息采集表

企业名称	主营业务	企业类型	总股本	总资产	净资产	销售区域	利润	增长率

③ 市场大盘。对于互联网零售企业而言，市场数据采集以市场大盘（报表）信息为主，主要包括访客数、浏览量、搜索点击率、收藏人数、收藏次数、加购人数、加购次数、客单价、浏览商品数、卖家数、被浏览卖家数、被支付卖家数、支付件数、搜索人气、交易指数等指标项目，如图2-1所示。

统计日期	访客数	店铺收藏买家数	商品收藏买家数	加购人数	客单价	支付件数
2022-08-04	1 248	6	47	76	374.62	590
2022-08-03	1 474	4	57	83	448.11	1 055
2022-08-02	1 628	9	61	89	342.90	2 289
2022-08-01	1 273	12	50	69	319.83	778
2022-07-31	1 331	3	29	62	46.34	40
2022-07-30	1 799	11	70	78	332.23	409
2022-07-29	1 709	9	59	88	1 143.26	3 005
2022-07-28	1 404	5	46	91	380.87	467
2022-07-27	1 400	8	59	97	467.60	733
2022-07-26	1 290	12	54	74	639.89	1 631

图 2-1　市场大盘信息

（2）行业数据采集的方法可从以下两方面理解。

① 行业数据采集的步骤。进行行业数据采集时，可首先查找相关行业协会网站或权威专

业网站,获得对行业比较全面的初步了解;然后,通过网络查找信息时,变换关键词对同一问题进行多角度信息收集,力求信息全面;此外,部分数据如果比较难获得,则可以考虑通过电话咨询或上门走访。行业数据采集的步骤,可参考以下先后顺序。

第1步,对整个行业概况进行信息收集,记录关键词。

第2步,对收集的信息进行归类,按照不同的指标存放。

第3步,分析已收集信息,按照重要性或相关性划分等级,并加以标记。

第4步,根据指标的要求及已有数据确定下一步的信息收集工作。

第5步,有针对性地进行数据挖掘,并对原始数据进行加工和推理。

第6步,将已有的数据按提示制作成图表。

② 行业数据采集的渠道。行业数据采集的渠道多种多样,如表2-4所示。

表2-4 常用行业数据采集渠道一览表

数据来源	数据种类
金融机构	金融机构公开发布的各类年度数据、季度数据、月度数据等
政府部门	宏观经济数据、行业经济数据、产量数据、进出口贸易数据等
行业协会	年度报告数据、公报数据、行业运行数据、会员企业数据等
社会组织	国际性组织、社会团体公布的各类数据等
行业年鉴	农业、林业、医疗、卫生、教育、环境、装备、房产、建筑等各类行业数据
公司公告	资本市场各类公司发布的定期年报、半年报、公司公告等
报纸杂志	在报纸杂志中获取的仅限于允许公开引用、转载的部分
中商调研	研究人员、调研人员通过实地调查、行业访谈获取的一手数据

2.1.2 市场需求调研

1. 市场需求调研的目的

市场需求调研指对市场需求状况的调查、了解、分析和论证,以便正确制定产品销售策略。市场需求指购买者对产品的需要,它包括对产品品种、质量、规格、型号、数量、价格、供货期限和销售服务等方面的要求。市场需求反映的是在一定时间和地区内,顾客购买产品时所持的愿望。企业生产经营的产品如果适应这种要求,产品就能做到适销或畅销;如果不适应这种要求,产品就会出现市场销售疲软。因此,深入细致地进行市场需求研究,是关系到企业产品销售能否取得成功的关键一步。

2. 市场需求调研的内容与方法

(1) 市场需求调研的内容主要包括市场需求量、需求结构和需求时间。

① 市场需求量。市场需求量指某一产品在某一地区和某一时期内,在一定的营销环境和营销方案的作用下,愿意购买该产品的顾客群体的总数。市场需求量共有以下八个影响因素。

第一,产品。因为产品范围是广泛的,即使同一类产品的实际需求也往往存在多种差异,因此,企业在进行需求测量时,要明确规定产品的范围。

第二,总量。总量通常表示需求的规模,可用实物数量、金额数量或相对数量来衡量。例如,全国手机的市场需求可被描述为7000万台或1500亿元,广州地区的手机市场需求占全国总需求的10%。

第三,消费者群体。在对市场需求进行测量时,不仅要着眼于总市场的需求,还要分别对各细分市场的需求加以确定。

第四,地理区域。在一个地域较广的国家里,不同地域间存在差异。

第五,时间周期。由于企业的营销计划一般有长期、中期、短期之分,与之对应的会有不同时期的需求测量。

第六,营销环境。在进行市场需求测量时,应注意对各类因素的相关分析。

第七,购买。只有购买需求才能转变成真正的市场需求。

第八,营销组合策略。进行市场需求测量时,需要关注本企业采取的市场营销组合策略是否适应扩大产品市场销售的要求。

此外,市场需求量还受到商品自身价格、相关商品价格(替代品与互补品)、消费者的收入水平、消费者的偏好(个性、爱好、社会风俗、传统习惯、流行趋势等)、消费者对未来商品的价格预期、人口规模等因素影响。

② 需求结构。需求结构指消费者的有效购买力在各类型消费资料中的分配比例,即消费者对吃、穿、住、用、行商品的需求比例。需求结构具有实物和价值两种表现形式。实物形式指人们在消费中,消费了一些什么样的消费资料,以及它们各自的数量。价值形式指以货币表示人们在消费过程中消费的各种不同类型的消费资料的比例关系,在现实生活中具体表现为各项生活支出。

③ 需求时间。需求时间指消费者需求的季节、月份,以及需求时间内的品种和数量结构。例如,在旅游旺季时旅馆紧张,在旅游淡季时旅馆空闲,利用这一时间特性,许多旅馆通过灵活的定价、促销及其他激励因素来改变需求时间模式。

(2) 市场需求调研的方法包括以下四种方法。

① 观察法。观察法是由调研人员根据调查研究的对象,利用眼睛、耳朵等感官以直接观察的方式对其进行考察并收集资料。例如,市场调研人员到被访问者的销售场所去观察商品的品牌及包装情况。

② 实验法。实验法由调研人员根据调研的要求,用实验的方式,将调研的对象控制在特定的环境条件下,对其进行观察以获得相应的信息。调研对象可以是产品的价格、品质、包装等,在可控制的条件下观察市场规律,这种方法主要用于市场销售实验和消费者使用实验。

③ 访问法。访问法可以分为结构式访问、无结构式访问和集体访问。结构式访问是事先设计好的、有一定结构的访问问卷的访问。调研人员要按照事先设计好的调查表或访问提纲进行访问,要以相同的提问方式和记录方式进行访问,提问的语气和态度也要尽可能地保持一致。无结构式访问没有统一问卷,是由调研人员与被访问者进行自由交谈的访问,它可以根据调研的内容进行广泛的交流。例如,对商品的价格进行交谈,了解被访问者对价格的看法。集体访问是通过集体座谈的方式听取被访问者的想法,收集信息资料,集体访问可以分为专家集体访问和消费者集体访问。

④ 问卷法。问卷法是通过设计调研问卷,让被调研者填写调研表来获得调研对象信息的方法。在调研中将调研的资料设计成问卷后,让调研对象将自己的意见或答案填入问卷中。一般在进行实地调研时,更多地会选择采用问卷法。

2.1.3 产业链分析

1. 产业链分析的意义

在某一个产业中,由相关联的上下游企业组成的结构被称为产业链。上游产业(环节)与下游产业(环节)之间存在着大量的信息、物质、价值方面的交换关系。上游环节向下游环节输送产品或服务,下游环节向上游环节反馈信息,如图 2-2 所示。产业链主要用于分析产业间差异(不同行业或不同业务的价值差异),其分析的目的是理解各个环节参与者的联系、结构和价值,帮助企业找到富有价值与发展前景的具体业务。

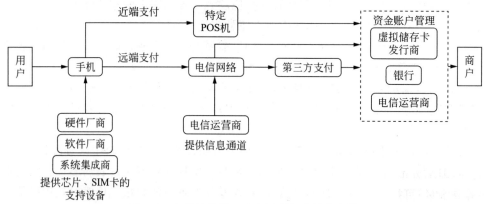

图 2-2 产业链实例——中国手机支付产业链

2. 产业链分析的步骤

传统方式的产业链分析非常复杂,涉及供需、价值、空间等,一般的行业分析,只要把握产业链的上中下游即可。在进行产业链分析时,可以采取以下步骤。

第 1 步,确定产业链上下游主体。

第 2 步,明确产业链各环节的市场规模及预测。

第 3 步,明确产业链各环节的主流企业。

第 4 步,明确产业链各环节之间的竞争合作关系。

第 5 步,明确产业链各环节的优势/壁垒政策和所需的企业资质。

第 6 步,明确产业链各环节的商务模式。

2.1.4 细分市场分析

1. 细分市场的意义

市场细分指企业根据自身条件和营销目标,以需求的某些特征或变量为依据,区分具有不同需求的顾客群体。细分市场有利于企业选择目标市场和制定市场营销策略,有利于发掘市场机会、开拓新市场,有利于集中人力、物力投入目标市场,提高企业经济效益。

2. 细分市场的方法

(1) 选定产品市场范围。企业应当明确自己产品的市场范围,并以此作为市场细分研究的整个市场边界。例如,音乐产业指以售卖音乐相关的产品来获取回报的行业。

(2) 确定市场细分变量。可按照以下方式进行市场细分。

① 人口特征变数:年龄、性别、收入、职业、教育、家庭人口等。

② 地理特征变数:居住区域、城市规模、经济水平、气候等。

③ 消费心理特征:生活方式、个性、社会阶层等。

④ 消费行为特征:产品/品牌利益、使用率、品牌忠诚度等。

(3) 依据变数细分市场。单一的变数很难有效地细分市场,通常采用综合的变数细分市场。例如,综合社会阶层、年龄和使用率三个变数来细分市场;也可以通过设置产品变量和用户变量,最终用矩阵图的方法来细分市场,如表2-5所示。

表2-5 产品变量和用户变量矩阵图

变量类型		用户变量			
		变量1	变量2	……	变量n
产品变量	变量1				
	变量2				
	……				
	变量n				

（4）评估各个细分市场。获得细分市场后,需要评估细分市场的有效性。可以从以下5个方面评估各个细分市场的有效性与价值:足量性,即细分市场的大小需要保证能够带来利润;稳定性,即细分市场在一定时间内不会发生较大的改变;可衡量性,即细分市场的消费群特征需要容易衡量;可接近性,即细分市场必须能够使企业有效地接触;可行动性,即细分市场必须能够使企业有效地制定营销策略。

（5）确定最终目标市场。企业能够选择一个或者多个细分的消费者群作为自己的目标市场。在选择细分时,有两个原则很重要:第一,细分市场足够大,并且有利可图;第二,通过自身的经营可以高效触达市场。

（6）设计整合营销策略。企业根据目标市场的具体特征,设计富有针对性的整合营销策略。市场细分的营销策略主要分为三种,即无差异营销策略、差异营销策略和集中营销策略。

2.1.5 市场生命周期分析

1. 市场生命周期分析的目的

市场生命周期对于行业分析非常重要,不同阶段有着不同的市场特点,而且不同的市场都会形成自己独特的生命周期,一般可总结为四个时期:启动期、成长期、成熟期、衰退期。不同的时期面临的问题也不同。

① 启动期:解决用户认知的问题,重点在于传播。
② 成长期:解决用户转化的问题,重点在于运营。
③ 成熟期:解决用户留存的问题,重点在于品牌建设。
④ 衰退期:解决产品转型和创新的问题。

进入衰退期并不代表着这个行业没有吸引力,或者即将被替代,优秀的产品可以让行业重新焕发生机,新的细分也可以重新创造用户需求。

市场生命周期分析的目的在于根据市场历史数据判定出该细分市场所处的生命周期,通过行业资讯、领域专家意见,以及历史数据确定该细分市场所处生命周期中的机遇与挑战,并给出改善建议。

2. 市场生命周期的应对策略

面对不同市场生命周期阶段,企业有各自适用的营销策略。

处于启动期的市场,企业可以有以下三种策略选择。

① 设计出能够吸引市场中小部分族群消费者的产品,让小公司避免与大型公司产生竞争。

② 同时推出两种或多种产品以抓住市场中的多个消费族群,当消费者偏好存在着相当大

的差异性时,这会是一种适当的做法。

③ 利用设计一个具有最大可能吸引力的产品来打入市场,对于拥有实质资源和配销能力的大型公司来说,这样的做法效率会更好。

一个处于成长期市场的公司有以下三种可能的策略。

① 利用利基营销(niche marketing)策略专门经营一个小的消费者族群。

② 和市场的先驱者直接竞争。

③ 尝试同时经营市场中的多个小型消费者族群。

当市场进入成熟期,竞争性策略的焦点应该放在寻找创新产品或降低价格以争取市场占有率上。在衰退期,竞争者必须决定是否要进入另外一个市场,或是趁其他公司另辟战场时大举扩张市场占有率。

2.1.6 行业竞争分析

1. 行业竞争分析的意义

市场是充满竞争的,企业必须准确判断自己在行业中的市场地位,正确制定自己的竞争策略。行业竞争分析的目的在于进行同类企业与本企业市场相关性与差异性的分析,分析自身企业的机遇与挑战,从而更好地创造市场价值与竞争优势,进而赢得用户、赢得市场。

2. 行业竞争分析的方法

迈克尔·波特(Michael Porter)在行业竞争五力分析的基础上制定了行业竞争结构分析模型,使企业管理者可以从定性和定量两个方面分析行业竞争结构和竞争状况。五种力量分别为同业竞争者的竞争能力、新进者的威胁、替代品的威胁、供方的议价能力及买方的议价能力,如图 2-3 所示。

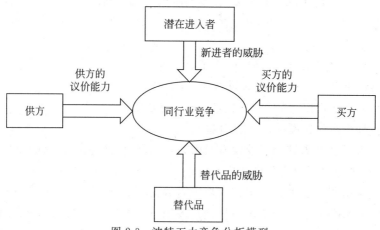

图 2-3 波特五力竞争分析模型

(1) 供方的议价能力。供应方主要通过提高投入要素,影响行业中现有企业的盈利能力与产品竞争力。一般满足如下条件的供方会具有比较强大的讨价还价能力:供方有比较稳固的市场地位,产品的买主很多,每一单个买主都不可能成为供方的重要客户;供方的产品具有特色,买主难以转换或转换成本太高,很难找到可与供方企业产品相竞争的替代品。

(2) 买方的议价能力。买方主要通过压价与要求提供较高的产品或服务质量,影响行业中现有企业的盈利能力。一般满足如下条件的买方具有比较强大的讨价还价能力:买方的总数较少,而每个购买者的购买量较大,占了卖方销售量的很大比例,卖方规模较小,购买者所购买的基本上是一种标准化产品,同时向多个卖主购买产品。

(3) 新进者的威胁。新进者在给行业带来新生产能力、新资源的同时,还希望在已被现有企业瓜分完毕的市场中赢得一席之地,这就有可能与现有企业发生原材料与市场份额的竞争,最终导致行业中现有企业盈利水平降低,甚至还有可能危及这些企业的生存。

(4) 替代品的威胁。处于同行业或不同行业中的企业,可能会生产新一代的产品(替代品),从而产生相互竞争的行为。替代品的竞争会以以下形式影响行业中现有企业的竞争:现有企业产品售价及获利潜力的提高,将由于存在着能被用户方便接受的替代品而受到限制;由于替代品生产者的侵入,使得现有企业必须提高产品质量,或者通过降低成本来降低售价,或者使其产品更具特色;源自替代品生产者的竞争强度,受产品买主转换成本高低的影响。

(5) 同业竞争者的竞争能力。多数行业中的企业,相互之间的利益都是紧密联系在一起的,作为企业整体战略一部分的各企业竞争战略,其目标都在于使得自己的企业获得相对于竞争对手的优势。所以必然会产生冲突与对抗的现象,这些冲突与对抗就构成了现有企业之间的竞争。现有企业之间的竞争常常表现在价格、广告、产品介绍、售后服务等方面。

2.2 客户分析

客户分析是根据客户数据来分析客户特征、评估客户价值,从而为客户制定相应的营销策略与资源配置计划。通过合理、系统的客户分析,企业可以知道不同的客户各有什么样的需求,分析客户消费特征与经济效益的关系,使运营策略得到最优的规划,并且可以发现潜在客户,从而进一步扩大商业规模,使企业得到快速发展。一次完整的客户分析通常包括客户数据收集、客户特征分析(客户画像)、客户行为分析、客户价值分析、精准营销与效果评估等步骤。根据不同的出发点,实际在进行客户分析时会有所侧重,但是无论目的如何,分析的核心诉求都是准确的数据呈现和具有指导意义的结论。

2.2.1 客户数据收集

1. 客户数据收集的目的

客户数据收集是企业营销活动的一项系统性工作,根据企业各部门的客户数据需求,通过可靠的数据来源与合适的数据收集方式获得、维护、更新客户数据,为后续客户数据分析提供基础数据。

2. 客户数据收集的内容

客户数据主要分为描述性数据、行为性数据和关联性数据三种类型。以下分别介绍这三种客户数据的具体内容及常用的收集方法,在实际收集过程中可根据研究目标进行项目的筛选。

(1) 描述性数据。描述性数据指描述客户基本属性的信息。例如,个人客户的联系信息、地理信息和人口统计信息,企业客户的社会经济统计信息等,如表2-6所示。

表2-6 客户描述性数据一览表

客户类型	项目
个人客户	姓名、地址、性别、出生年月、电话、邮箱、银行账号、工作类型、收入水平、婚姻状况、家庭成员情况、信用情况、客户类型等
企业客户	公司名称、公司基本情况(注册资本、员工数、年销售额、收入及利润等)、经营项目、经营规模、经营时间、信用级别、付款方式、总部及相应机构营业地址、电话、传真、主要联系人姓名、头衔及联系渠道、关键决策人姓名、头衔及联系渠道、公司其他部门和办公室电话、资金实力、固定资产、厂房所有权、发展潜力、经营观念、经营方向、经营政策、内部管理状况、经营历史等

描述性数据主要描述客户基本属性的静态数据,大多数信息内容都可以通过工商注册信息、会员卡信息、历史订单等收集到。但是一些基本的客户描述性数据可能涉及客户的隐私,如客户收入等。对于客户描述性数据最主要的评价要素就是数据收集的准确性。在实际情况中,经常有一些企业知道为多少客户提供了服务,以及客户购买了什么,但是到了需要主动联络客户的时候,才发现往往缺乏能够描述客户特征的信息和与客户建立联系的方式,或是这些联络方式已经失效,这都是因为企业没有很好地规划和有意识地收集、维护这些客户的描述性数据。

(2)行为性数据。客户的行为性数据一般包括客户购买服务或产品的记录、客户的服务或产品的消费记录、客户与企业的联络记录,以及客户的消费行为等信息。

客户行为性数据能够帮助企业的市场营销人员和客户服务人员在客户分析中掌握和理解客户的行为。客户的行为信息反映了客户的消费选择或是决策过程,如表2-7所示。

表2-7 客户行为性数据一览表

客户类型	项目
个人客户	商品、货号、数量、总金额、平均单价、订单号、订单状态、支付状态、发货状态、下单日期、实付金额、促销活动名称、活动有效期、活动执行时间、参加活动人数、操作人、促销活动反应等
企业客户	客户类型(分销商、咨询者、产品协作者等)、银行账号、信贷限额及付款情况、购买过程、与其他竞争对手的联系情况等

企业往往记录了大量的客户交易数据。例如,零售企业就记录了客户的购物时间、购物商品类型、购物数量、购物价格等信息;电子商务网站也记录了网上客户购物的交易数据,如客户购买的商品、交易的时间、购物的频率等;移动通信服务提供商记录了用户的通话时间、通话时长、呼叫客户号码、呼叫状态、通话频率等。

与客户描述性数据不同,客户的行为性数据主要是客户在消费和服务过程中的动态交易数据和交易过程中的辅助信息,需要实时地记录和收集。在拥有完备的客户信息收集与管理系统的企业中,客户的交易记录和服务记录非常容易获得,但是客户的行为信息并不完全等同于客户的交易和消费记录。客户的行为特征往往需要对客户的交易记录和其他行为性数据进行必要的处理和分析后才能得到。

行为性数据一般来源于企业内部交易系统的交易记录、企业呼叫中心的客户接触记录,营销活动中采集到的客户响应数据,以及与客户接触的其他销售人员与财务人员收集到的数据信息。因此,行为性数据可以通过工具软件、企业信息管理系统、观察等方法获取。

(3)关联性数据。客户的关联性数据指与客户行为相关的,反映和影响客户行为和心理等因素的相关信息。企业建立和维护关联性数据的主要目的是为更有效地帮助企业的营销人员和客户分析人员深入理解影响客户行为的相关因素。客户关联性数据主要包括客户满意度、客户忠诚度、客户对产品与服务的偏好或态度、竞争对手行为等,如表2-8所示。

表2-8 客户关联性数据一览表

客户类型	项 目
个人客户	感兴趣的话题、评论内容、品牌偏好、位置偏好、时间偏好、生活方式、特殊爱好、对企业产品和服务的偏好、对问卷和促销活动的反应、其他产品偏好、试用新产品的倾向等
企业客户	忠诚度指数、潜在消费指数、对新产品的倾向等

客户关联性数据主要描述客户的兴趣和爱好。例如有些客户喜欢户外运动,有些喜欢旅游,有些喜欢打网球,有些喜欢读书。这些数据能帮助企业了解客户的潜在消费需求。

关联性数据有时可以通过专门的数据调研和采集获得,如通过市场营销调研、客户研究等获得客户的满意度、客户对产品或服务的偏好等;有时也需要应用复杂的客户关联分析来产生,如客户忠诚度、客户流失倾向、客户终生价值等。客户关联性数据经常是客户分析的核心目标。

以移动通信企业为例,其核心的关联性数据包括客户的终身价值、客户忠诚度、客户联络价值、客户呼叫倾向等,这些关联性数据很难获得,即使获得了也不容易结构化后导入业务应用系统和客户分析系统中。

规划、采集和应用客户关联性数据往往需要一定的创造性,这不是简单的小问题,而是为了实现与市场管理或客户管理直接相关的业务目标,如提高客户满意度、提高客户忠诚度、降低客户流失率、提高潜在客户发展效率、优化客户组合等核心的客户营销问题。

很多企业并没有有意识地收集过关联性数据,对于高端客户和活跃客户,客户关联性数据可以有效地反映他们的行为倾向。对于很多企业,尤其是服务类企业,有效地掌握客户关联性数据对于客户营销策略和客户服务策略的实施至关重要。一些没能很好地收集和应用这些信息的企业往往会在激烈的竞争中丧失优势和客户资源。

3. 客户数据收集的方法

一个企业有很多的机会找到并获取相关的客户信息。这些信息一般可以通过购买、租用或是合作的方式进行收集。以下是企业收集客户信息的一些常用方法。

(1)向数据公司租用或购买。数据公司专门收集、整合和分析各类客户的数据和客户属性。专门从事这一领域的数据公司往往与政府及拥有大量数据的相关行业和机构有着良好而密切的合作关系。一般情况下,这类公司都可以为企业提供成千上万的客户数据列表。在北京、上海、广州、深圳等城市中,这类公司发展非常迅速,已经开始成为数据营销领域的重要角色。

(2)从零售商处获取。一些大型的零售公司也会有丰富的客户数据,企业可以从零售商处收集客户信息。

(3)从信用卡公司获取。信用卡公司保存有大量的客户交易历史记录,这类数据的质量非常高。

(4)从信用调查公司获取。在国外,有专门从事客户信用调查的公司,这类公司一般都愿意出售这些被调查客户的数据信息。

(5)请专业调查公司调查。在消费品行业、服务行业及其他一些行业中,有许多专注于产品调查的专业调查公司。企业可以与这些专业调查公司合作,一方面可以利用这些公司经过长期积累的客户数据库;另一方面可以请他们协助,对客户信息进行有针对性的调查。

（6）向消费者研究公司购买。消费者研究公司往往已经分析并构建起了复杂的客户信息，为不同行业的不同客户描绘了各自的客户特征，这类客户信息可以通过购买获取。

（7）与其他相关行业的企业交换。可以通过与其他相关行业有大量客户数据的公司进行合作或以交换的方式获取客户商务数据分析与应用信息。这类行业包括通信公司、航空公司、金融机构、保险公司、旅行社、宾馆、医院等。

（8）通过杂志和报纸获取。一些全国性或区域性的杂志和报纸媒体也有大量的客户订阅信息和调查信息。

（9）从政府机构获取。政府部门往往拥有最完整、最有效的大量数据。以前这些信息并没有很好地应用于商业用途。目前政府部门在大力加强基础信息数据库的建设工作，在数据基础越来越好，数据的管理和应用越来越规范的市场趋势下，政府部门也在有意识地开放这些信息用于商业用途。例如，官方人口普查信息、结合政府资助的调查和消费者研究信息，都有助于丰富企业的客户数据列表。

政府的行政机关和研究机构往往也有大量的客户信息，如公安户政部门的户政数据、税务机关的纳税信息、社保部门的社会保险信息等。

2.2.2 客户画像

1. 客户画像的含义

客户画像又被称为用户画像，是根据用户的社会属性、生活习惯和消费行为等信息而抽象出的一个标签化的用户模型，如图 2-4 所示。构建用户画像的核心工作是给用户贴"标签"，而标签是通过分析用户信息而得到的高度精练的特征标识。标签中的一部分根据用户的行为数据直接得到，另一部分则通过一系列算法或规则挖掘得到。除去"标签化"，客户画像还具有"低交叉率"的特点，当两组画像除了权重较小的标签外其余标签几乎一致，那就可以将二者合并，弱化低权重标签的差异。

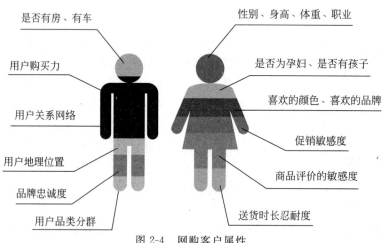

图 2-4 网购客户属性

客户是谁？他们是什么样的人？有什么消费偏好？为解决这些问题可将最近一次消费、消费频次、消费金额、会员卡积分、优惠券使用等描述客户的数据转化为标签，如拇指族、电影狂人、高频次低客单价消费者等，如果经常在某个购物中心购买玩具，则购物中心会根据玩具购买的情况为客户打上"有孩子"的标签，甚至还可以判断出孩子大概的年龄，编辑上"有 5～

10岁的孩子"这样更为具体的标签,而所有的标签集合在一起,就成了用户画像,如图2-5所示。

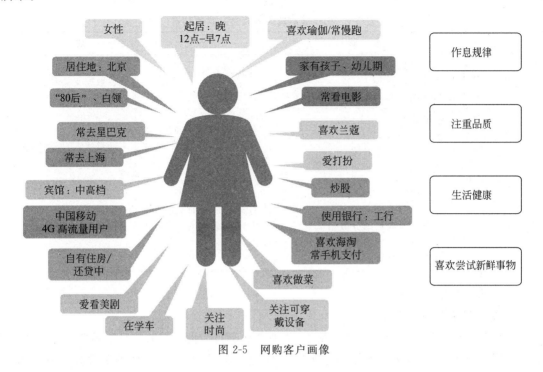

图2-5 网购客户画像

2. 客户画像的作用

(1) 精准营销。精准营销是用户画像或者标签最直接、最有价值的应用。这部分也是企业广告部门最注重的工作内容之一。当企业给各个用户打上各种"标签"之后,广告主(店铺、商家)就可以通过标签圈定想触达的用户,进行精准的广告投放。无论是阿里巴巴还是腾讯,很大一部分广告都通过这种方式触达用户。

(2) 助力产品。一个产品想得到广泛的应用,受众分析必不可少。产品经理需要了解用户,除了需要知道用户与产品交互时的点击率、跳失率、停留时间等行为之外,用户画像还能帮助产品经理透过用户行为表象看到用户深层的动机与心理。

(3) 行业报告与用户研究。通过对用户画像的分析可以了解行业动态,例如"90后"人群的消费偏好趋势分析、高端用户青睐品牌分析、不同地域品类消费差异分析等。这些行业的洞察可以指导平台更好地运营、把握大方向,也能给相关公司(中小企业、店铺、媒体等)提供细分领域的深入洞察。

3. 客户画像的方法

进行客户画像往往基于以下情境:确定目标用户,将用户根据不同特征划分为不同类型,确定目标用户的比例和特征;统计用户数据,获得用户的操作行为、情感偏好,以及人口学等信息;根据目标用户确定产品发展相关优先级,在设计和运营中将焦点聚焦于目标用户的使用动机与行为操作;方便设计与运营,根据用户画像提供的具体的人物形象进行产品设计和运营活动;根据不同类型的用户构建智能推荐系统,如个性化推荐、精准运营等。

客户画像适用于各个产品周期,从潜在用户的挖掘到新用户的引流,再到老用户的培养与流失用户的回流,客户画像都有其用武之地。

采用定性研究的方法（如深度访谈、焦点小组）或定量研究的方法（如定量问卷、行为日志数据）都能够完成客户画像的构建，不同的方法各有其优缺点，如表2-9所示。

表2-9 构建客户画像的方法及其优缺点

方法	步骤	优点	缺点
定性用户画像	1. 定性研究 2. 细分用户群 3. 建立细分群体的用户画像	省时省力、简单，需要专业人员少	缺少数据支持和验证
经定量验证的定性用户画像	1. 定性研究 2. 细分用户群 3. 定量验证细分群体 4. 建立细分群体的用户画像	有一定的定量验证工作，需要少量的专业人员	工作量较大，成本较高
定量用户画像	1. 定性研究 2. 多个细分假说 3. 通过定量收集细分数据 4. 基于统计的聚类分析来细分用户 5. 建立细分群体的用户画像	有充分的佐证，更加科学，需要大量的专业人员	工作量大，成本高

2.2.3 客户行为分析

1. 客户行为分析的含义

现代营销学之父菲利普·科特勒指出，消费者购买行为指人们为满足需要和欲望而寻找、选择、购买、使用、评价及处置产品、服务时介入的过程活动，包括消费者的主观心理活动和客观物质活动两个方面。例如，对网购客户来源渠道的分析、对网购客户访问终端类型的分析、网店客户访问时间分布情况、网店客户购买的时间分布情况等。

某网店2022年8月中某一天的客户购买情况，如图2-6所示。从图2-6中可以看出，该店客户的购买时段集中在上午8点至晚间23点，其中上午11点左右、下午2点左右及下午6点左右出现三个高峰时段。

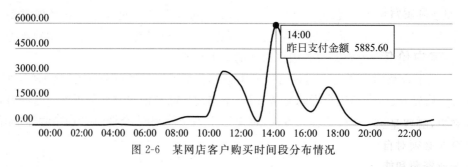

图2-6 某网店客户购买时间段分布情况

2. 客户行为分析的基本框架

市场营销学中把消费者的购买动机和购买行为概括为5W1H6O，从而形成消费者购买行为研究的基本框架。

市场需要什么（what）——有关产品（objects）是什么。通过分析消费者希望购买什么，为什么需要这种商品而不是那种商品，研究企业应如何提供适销对路的产品去满足消费者的需求。

为何购买（why）——购买目的（objectives）是什么。通过分析购买动机的形成原因（生理的、自然的、经济的、社会的、心理因素的共同作用），了解消费者的购买目的，进而采取相应的市场策略。

购买者是谁（who）——购买组织（organizations）是什么。分析购买者是个人、家庭还是集团，购买的产品供谁使用，谁是购买的决策者、执行者、影响者。根据分析，组合相应的产品、渠道、定价和促销。

何时购买（when）——购买时机（occasions）是什么。分析购买者对特定产品购买时间的要求，把握时机，适时推出产品，如分析自然季节和传统节假日对市场购买的影响程度等。

何处购买（where）——购买场合（outlets）是什么。分析购买者对不同产品购买地点的要求，如消费方便品，顾客一般要求就近购买，而选购商品则要求在商业区（地区中心或商业中心）购买以便挑选对比，特殊商品往往会要求直接到企业或专业店铺购买等。

如何购买（how）——购买组织的作业行为（operations）是什么。分析购买者对购买方式的不同要求，有针对性地提供不同的营销服务。在消费者市场，分析不同类型的消费者的特点，如经济型购买者对性能和廉价的追求，冲动型购买者对情趣和外观的喜好，手头拮据的购买者要求分期付款，工作繁忙的购买者重视购买方便和送货上门等。

3. 客户购买行为分析

第1步，购买行为环节模式描绘。通过座谈会、深度访问、观察等形式得到系统的消费者购买行为过程。由于不同类型的产品和服务的特点差异，使得购买行为过程并不完全一样，因此，前期的定性研究是建立模型的基础。

第2步，确定各环节的关键影响因素。通过定性和定量的研究，掌握消费者在不同环节中受到的影响因素，分析其中哪些是促成购买行为的关键因素。

第3步，确定各环节的关键营销推动行为。针对各行为环节的关键因素，对比当前市场中成功与失败品牌的行动表现，确定哪些营销活动能够解决关键因素而形成推动行为。

第4步，评估目标品牌的消费者行为表现，得到完整的消费者分布结构，即处于不同阶段的消费者比例，从而明确品牌表现的原因。

第5步，确定营销活动的实施策略。针对品牌表现，按照重要性和优先性原则做出计划，并实施评估。

2.2.4 客户价值分析

1. 客户价值分析的意义

从客户价值的方面来看，不同的客户能够为企业提供不同的价值，企业要知道哪些是最有价值的客户，哪些是忠诚的客户，哪些是潜在的客户，哪些客户的成长性最好，哪些客户最容易流失。企业必须对自己的客户进行细分。

从企业资源和能力的角度来看，如何对不同的客户进行有限资源的优化应用是每个企业都必须考虑的问题，所以在客户管理时非常有必要对客户进行统计、分析和细分，只有这样，企业才能根据客户的不同特点进行有针对性的营销，赢得、扩大和保持高价值的客户群，吸引和培养潜力较大的客户群。客户细分能使企业所拥有的高价值的客户资源显性化，并能够就相应的客户关系对企业未来盈利的影响进行量化分析，为企业决策提供依据。

2. 客户价值分析的方法

客户价值分析最常用的方法是 RFM 分析模型，该模型通过一个客户的最近一次消费（recency）、消费频率（frequency）、消费金额（monetary）三项指标，描述该客户的价值状况。

(1) 最近一次消费。最近一次消费指上一次的消费时间和计算当天的时间间隔。最近一次消费的计算方式是以计算当日减去客户上一次在店铺消费的日期。R 值越小,说明客户消费间隔越小。如果 R 值为 0,则说明该客户天天在本店铺消费;如果 R 值很大,则说明该客户已经遗忘了本店。

某店铺三年内的 R 值分布情况如图 2-6 所示。从形状来看,呈现周期性、规律性的波浪形,且振幅随着时间的延长而变小。店铺对客户的营销有着稳定的方案,从图 2-7 中可知是统计周期的第 4~14 个月,在这期间能够吸引客户消费,故 R 值较高。该店铺的客户回购做得较好,能使 R 值保持平稳。

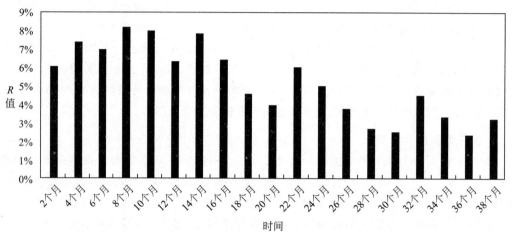

图 2-7 某店铺三年内的 R 值分布情况

(2) 消费频率。消费频率是客户在固定时间内的购买次数。消费频率的高低是客户对品牌忠诚度和对店铺忠诚度的体现,决定消费频率高低的一个重大因素是品类宽度。例如,手机、计算机等 3C(通信、计算机和消费电子产品)类别商品的购买周期可能在 1 年左右;而纸巾、零食等百货类商品的平均购买周期可能只有 1 周甚至更短。因此,跨品类进行 F 值比较是没有意义的。对于大平台,其涉及的售卖品类会比较丰富;而对于小平台,一般只会涉足某一细分品类。平台毕竟有限,对于一般网店而言,会用客户的"累计购买次数"替换 F 值。

一段时间内客户到店消费的次数分布,如图 2-8 所示。新客户(购买一次)占比为 71.93%,老客户(购买两次或三次)占比为 23.04%。购买超过 4 次以后,流失达到稳定。因此,企业应该考虑如何对老客户进行营销,使其在店铺购买可达 4 次或 4 次以上。

(3) 消费金额。消费金额统计的是某一顾客在一段时间内的平均消费额。消费金额数值越大,代表顾客对店铺的价值贡献和消费能力越高。

一段时间内某个消费区间内的客户数与消费金额如图 2-9 所示。消费 4000 元以上的客户占比为 3.18%,贡献的店铺收入占比为 79.25%。"二八法则"指出 20% 的顾客贡献店铺 80% 的收入——说明小部分忠诚顾客贡献了店铺主要的收入。

在获取所有客户的三个指标数据以后,需要计算每个指标数据的均值,通过将每位客户的三个指标与均值进行比较,可将客户按价值细分为八种类型:重要价值客户、重要发展客户、重要保持客户、重要挽留客户、一般价值客户、一般发展客户、一般保持客户、一般挽留客户,如图 2-10 所示。

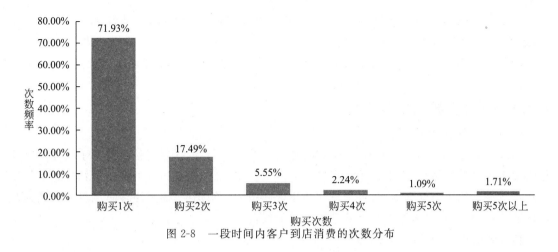

图 2-8　一段时间内客户到店消费的次数分布

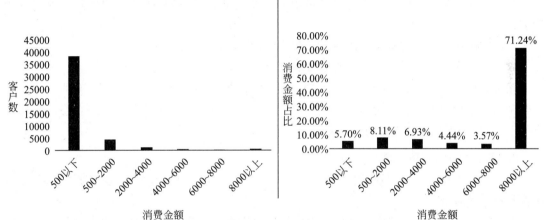

图 2-9　一段时间内某个消费区间内的客户数与消费金额

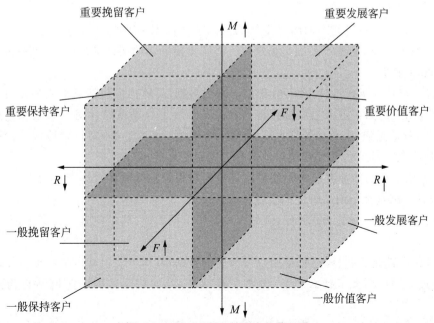

图 2-10　基于 RFM 的客户价值细分

RFM 非常适用于生产多种商品的企业,这些商品单价相对不高,如消费品、化妆品、小家电、超市等;它也适合用于一个企业内只有少数但包含耗材的耐久商品,如复印机、打印机、汽车维修等;RFM 对于加油站、旅行保险、运输、快递、快餐店、KTV、移动电话信用卡、证券公司等也很适合。

2.2.5 精准营销与效果评估

1. 精准营销的内涵

精准营销(precision marketing)是在精准定位的基础上,依托现代信息技术手段建立个性化的顾客沟通服务体系,实现企业可度量的低成本扩张之路,是有态度的网络营销理念中的核心观点之一。公司需要更精准、可衡量和高投资回报的营销沟通,需要更注重结果和行动的营销传播计划,并且越来越注重对直接销售沟通的投资。

精准营销有三个层面的含义。

(1) 精准的营销思想。营销的终极追求是无营销的营销,达到终极思想的过渡就是逐步精准。

(2) 精准营销是实施精准的体系保证和手段,而这种手段是可衡量的。

(3) 精准营销是达到低成本可持续发展的企业目标。

精准营销是当今时代企业营销的关键,如何做到精准,这涉及系统化流程,有的企业会通过营销做好相应企业的营销分析、市场营销状况分析、人群定位分析,充分挖掘企业产品所具有的诉求点,实现真正意义上的精准营销。

2. 精准营销的应用场景

(1) 对客户价值进行识别(用户特征),通过收集用户交易历史数据达到识别目的,具体方法包括以下两种。

① 进行 RFM 分析,定位于最具价值用户群及潜在用户群。最具价值用户群应提高品牌忠诚度;潜在用户群应主动营销,促使其产生实际购买行为。客户价值低的用户群在营销预算少的情况下可以不实行营销。

② 通过因子分析,研究影响用户重复购买的主要因素,从价格、口碑、评论等信息中识别主要因素及影响权重,调整产品或市场定位。查明促使顾客购买产品的原因,调整宣传重点或采用组合营销方式。

(2) 对用户行为指标进行跟踪,收集用户行为数据,具体内容包括以下三个方面。

① 通过用户行为渠道来源地进行自动追踪。系统可自动跟踪并对访客来源进行判别分类,根据三大营销过程(采集和处理数据、建模分析数据、解读数据)对付费搜索、自然搜索、合作渠道、横幅广告、邮件营销等营销渠道进行营销跟踪和效果分析。

② 根据用户行为指标开展的跟踪可以具体了解用户易受哪种媒体营销的影响,他们怎样进入特定网站,浏览某个网站时他们会做什么。

③ 根据地理位置分别设定目标,例如大多数中上层人士,居中位置比较集中,不再是笼统的客户群。

(3) 进行个性化关联分析,收集用户行为属性数据,具体方法包括以下两种。

① 通过对用户购买了什么产品、浏览了什么产品、如何浏览网站等网站行为进行数据收集。

② 分析客户群需求相似程度、产品相似度,以及个性化推荐引擎是否能有针对性地向用

户推荐他们感兴趣的产品,分析他们会在多大程度上被促销活动、其他买家对产品的评论所影响。

3. 营销效果评估

营销效果是营销活动对消费者所产生的影响。狭义的营销效果指营销活动取得的经济效果,即营销达到既定目标的程度,通常包括传播效果和销售效果。广义的营销效果还包含心理效果和社会效果。心理效果是营销活动对受众心理认知、情感和意志的影响程度,是营销活动的传播功能、经济功能、教育功能、社会功能等的集中体现。营销活动的社会效果是营销活动对社会道德、文化教育、伦理、环境的影响。良好的社会效果也能给企业带来良好的经济效益。营销效果评估一般通过对设定的关键绩效 KPI 如 ROI(投资回报率)、CPA(每次动作成本入)、转化率、回购率等进行考察,进而评价营销活动的经济效果,如图 2-11 所示。

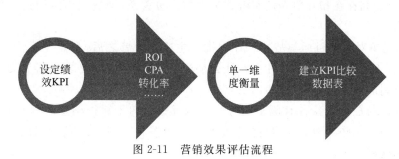

图 2-11 营销效果评估流程

2.3 产品分析

产品分析包括竞争对手分析、用户特征分析、产品需求分析、产品生命周期分析和用户体验分析等内容,通过对竞争对手、用户特征、产品需求、产品生命周期、用户体验等各个环节的分析,对产品开发及市场走向进行预测与建议。

2.3.1 竞争对手分析

1. 竞争对手分析的目的

通过对竞争对手的分析,可以帮助公司决策者和管理层从公司的战略发展入手,了解对手的竞争态势,为公司的战略选择、制定、服务提供信息支持。为公司的持续发展和提高行业竞争能力提供信息保障,并据此制定出相应竞争策略。通过对竞争对手的分析,为公司提供竞争指导策略,如回避策略、竞争策略、跟随策略等。

2. 竞争对手分析的内容

(1) 识别企业的竞争对手。从行业的角度看,企业的竞争对手有现有厂商、潜在加入者、替代品厂商。

现有厂商指本行业内现有的与企业生产同样产品的其他厂家,这些厂家是企业的直接竞争者;潜在加入者指当某一行业前景乐观、有利可图时,会引来新的竞争企业,使该行业增加新的生产能力,并要求重新瓜分市场份额和主要资源;替代品厂商指与某一产品具有相同功能、能满足同一需求的不同性质的其他产品,属于替代品。随着科学技术的发展,替代品将越来越多,某一行业的所有企业都将面临与生产替代品的其他行业的企业进行竞争。

从市场方面看,企业的竞争对手有品牌竞争者、行业竞争者、需要竞争者、消费竞争者。企业把同一行业中以相似的价格向相同的顾客提供类似产品或服务的其他企业称为品牌竞争者,如家用空调市场中,生产格力空调、海尔空调、三菱空调等厂家之间的关系。品牌竞争者之间的产品相互替代性较高,因而竞争非常激烈,各企业均把培养顾客品牌忠诚度作为争夺顾客的重要手段。企业把提供同种或同类产品,但规格、型号、款式不同的企业被称为行业竞争者。所有同行业的企业之间存在彼此争夺市场的竞争关系,如家用空调与中央空调的厂家、生产高档汽车与生产中档汽车的厂家之间的关系。提供不同种类的产品,但满足和实现消费者同种需要的企业被称为需要竞争者,如航空公司、铁路客运、长途客运汽车公司都可以满足消费者外出旅行的需要,当火车票价上涨时,乘飞机、坐汽车的旅客就可能增加,相互之间争夺满足消费者的同一需要。提供不同产品,满足消费者的不同愿望,但目标消费者相同的企业被称为消费竞争者,如很多消费者收入水平提高后,可以把钱用于旅游,也可用于购买汽车,或购置房产,因而这些企业间存在相互争夺消费者购买力的竞争关系,消费支出结构的变化,对企业的竞争有很大影响。

(2) 识别竞争对手的目标与战略。在识别了主要竞争者之后,企业经营者接着应回答的问题是:每个竞争者在市场上寻找什么?什么是竞争者行动的动力?最初经营者推测,所有的竞争者都追求利润最大化,并以此为出发点采取各种行动。但是,这种假设过于简单。不同的企业对长期利益与短期利益各有侧重。有些竞争者更趋向于获得满意的利润而不是最大利润。尽管有时通过一些其他的战略可能使他们取得更多利润,但他们有自己的利润目标,只要达到既定目标就满足了。

企业必须跟踪了解竞争者进入新的产品细分市场的目标。若发现竞争者开拓了一个新的细分市场,这对企业来说可能是一个发展机遇;若企业发现竞争者开始进入本公司经营的细分市场,这意味着企业将面临新的竞争与挑战。对于这些市场竞争动态,企业要了如指掌,争取主动权,做到有备无患。

各企业采取的战略越相似,它们之间的竞争就越激烈。在多数行业中,根据所采取的主要战略不同,可将竞争者划分为不同的战略群体。例如,在美国的主要电气行业中,通用电气公司、惠普公司和施乐公司都提供了中等价位的各种电器,因此可将它们划分为统一战略群体。

根据战略群体的划分,可以归纳出两点。一是进入各个战略群体的难易程度不同,一般小型企业适于进入投资和声誉都较低的群体,因为这类群体较易打入;而实力雄厚的大型企业则可以考虑进入竞争性强的群体。二是当企业决定进入某一战略群体时,首先要明确谁是主要的竞争对手,然后决定自己的竞争战略。

除了在统一战略群体内存在激烈竞争外,在不同战略群体之间也存在竞争。因为某些战略群体可能具有相同的目标客户;顾客可能分不清不同战略群体的产品的区别,如分不清高档货和中档货的区别;属于某个战略群体的企业可能改变战略,进入另一个战略群体,如提供高档住宅的企业可能转而开发普通住宅。

(3) 评估竞争对手的优势和劣势。在市场竞争中,企业需要分析竞争者的优势与劣势,做到知己知彼,才能有针对性地制定正确的市场竞争战略,以避其锋芒、攻其弱点,利用竞争者的劣势来争取市场竞争的优势,从而实现企业营销目标。竞争对手的优劣势分析可以从以下八个方面展开。

① 产品。竞争企业产品在市场上的地位、产品的适销性、产品系列的宽度与深度。

② 销售渠道。竞争企业销售渠道的广度与深度、销售渠道的效率与实力、销售渠道的服务能力。

③ 市场营销。竞争企业市场营销组合的水平、市场调研与新产品开发的能力、销售队伍的培训与技能。

④ 生产与经营。竞争企业的生产规模与生产成本水平、设施与设备的技术先进性与灵活性、专利与专有技术、生产能力的扩展、质量控制与成本控制、区位优势、员工状况、原材料的来源与成本、纵向整合程度。

⑤ 研发能力。竞争企业内部在产品、工艺、基础研究、仿制等方面所具有的研究与开发能力。

⑥ 资金实力。竞争企业的资金结构、筹资能力、现金流量、资信度、财务比率、财务管理能力。

⑦ 组织。竞争企业组织成员价值观的一致性与目标的明确性、组织结构与企业策略的一致性、组织结构与信息传递的有效性、组织对环境因素变化的适应性与反应程度、组织成员的素质。

⑧ 管理能力。竞争企业管理者的领导素质与激励能力、协调能力，管理者的专业知识，管理决策的灵活性、适应性、前瞻性。

（4）评估竞争对手的反应模式有以下四种方式。

① 迟钝型竞争者。某些竞争企业对市场竞争措施的反应不强烈，行动迟缓，这可能是因为竞争者受到自身在资金、规模、技术等方面的能力的限制，无法做出适当的反应；也可能是因为竞争者对自己的竞争力过于自信，不屑于采取反应行为；还可能是因为竞争者对市场竞争措施重视不够，未能及时捕捉到市场竞争变化的信息。

② 选择型竞争者。某些竞争企业对不同的市场竞争措施的反应是有区别的。例如，大多数竞争企业对降价这样的价格竞争措施总是反应敏锐，倾向于做出强烈的反应，力求在第一时间采取报复措施进行反击，而对改善服务、增加广告、改进产品、强化促销等非价格竞争措施则不太在意，认为不构成对自己的直接威胁。

③ 强烈反应型竞争者。某些竞争企业对市场竞争因素的变化十分敏感，一旦受到来自竞争者的挑战就会迅速地做出强烈的市场反应，进行激烈的报复和反击。这种报复措施往往是全面的、致命的，甚至是不计后果的。这些强烈反应型竞争者通常都是市场上的领先者，具有某些竞争优势。一般企业轻易不敢或不愿挑战其在市场上的权威，尽量避免与其做直接的正面交锋。

④ 不规则型竞争者。某些竞争企业对市场竞争所做出的反应通常是随机的，往往不按规则出牌，使人感到不可捉摸。例如，不规则型竞争者在某些时候可能会对市场竞争的变化做出反应，也可能不做出反应；他们既可能迅速做出反应，也可能反应迟钝；其反应既可能是剧烈的，也可能是柔和的。

3. 竞争对手分析的方法

通常情况下，企业看好的顾客，竞争者也会看好。当某一部分顾客对某种产品和服务产生需求的时候，市场就产生了，因此，欲以生产经营类似产品和服务来满足这个市场需要的竞争者所组成的行业应运而生。企业在确定业务领域时还必须对行业进行深入的分析，做到知己知彼，百战不殆。竞争对手分析的常用方法有波特五力模型、普赖斯科特模型、三维分析法等。

2.3.2 用户特征分析

1. 用户特征分析的目的

通过用户生活形态分群的方法，按照用户的价值观和生活形态特征，对用户进行分群，形成具有兴趣型的细分群组,并且总结提炼出该群组用户的一般特征,清晰定位目标市场与目标用户群体,指导产品开发和创新。用户特征分析主要解决目标用户是谁、市场预期容量有多大的问题。在设计内容过程中,一切围绕着客户,以客户为中心,了解客户的需求,采集客户的特征信息,并倾听他们的想法或与他们的需求和使用方式内容相关的问题。根据研究目的,确定用户特征分析的内容,做好用户关于年龄、地域、消费能力、消费偏好等数据的收集与整理工作,赋予他们不同的人群标签。

2. 用户特征分析的内容与步骤

(1) 列出主要用户可从定义网站内容的角度对他们进行划分,举例如下。

① 患者、医生、保健师、研究人员。

② 家长、教师、学生。

③ 乘客、飞行员、机械师、机场工作人员。

④ 经常购买游戏装备的人、偶尔购买游戏装备的人。

⑤ 当地客户、外来游客。

⑥ 购物者、浏览者。

以上所说的用户都指"人",不要将部门或者机构、单位划为用户。

(2) 收集用户信息。只有对用户和他们的真实情况进行深入的研究,才会了解他们是什么样的人,他们有什么目的和需求,以及如何为他们编写网站内容。可以从以下方面获取用户信息。

① 考虑网站的使命。网站为哪些人服务?要协助这些人完成什么工作?

② 让网站用户填写简短的问卷。询问有关他们自身使用网站的原因,以及是否在网站上找到了所需内容等方面的问题。

③ 观察用户,倾听用户的心声。阅读来自用户投诉、咨询的内容,了解用户在网站上都遇到了什么问题。

④ 对使用(或可能使用)网站的用户进行访谈,可采用情景访谈或关键事件访谈的方式,对网站现有内容进行可用性测试。

(3) 列出每个用户的关键特征。知道了哪些用户来(或应该来)网站之后,还应该列出每组用户的相关特征。应包含以下方面。

① 关键短语或语录。例如,在编写网站内容时应牢记客户的哪些信息?

客户甲:请牢记我很忙。

客户乙:我不关心内容的组织结构,我只想找到我想要的信息。

客户丙:我喜欢看图片,如果没有图片,或者图片内容不够吸引人,我就会去其他网站。

② 经验和专业知识。对不同的用户组要区别对待,同组内的用户经验和专业知识也可能有高低之分。例如,对于游戏交易网站来说,经常购买的人可能对交易网站非常熟悉,仅仅能够顺利完成交易还不是最终目的,客户还想找到同比商品中最廉价、信用最高的商品;偶尔购买的人可能对交易网站不是很熟悉,他们仅想快速购买所需商品。

③ 性情。在一些情况下,人们的性情是非常重要的用户特征。性情有许多种表现形式,包括充满热情的、急躁的、愤怒的、着迷的、紧张的、有压力的等。

④ 价值观。了解用户的价值观和他们关注的问题有助于决定网站应该包含哪些内容,以及该内容强调了哪些信息,可以通过对话形式满足用户的需求。

客户甲:价格对我很重要,我需要知道购买价格。
客户乙:我需要信用高的商品。
客户丙:我需要有图的商品。

⑤ 技术水平。在决定网站内容之前应充分了解以下信息:网站用户是在什么样的分辨率下进行工作的;网站速度有多快;网站链接是否稳定;等等。

⑥ 社会及文化背景。在决定网站内容和内容表达方式时可以考虑以下因素:用户上网的地点;用户在网站的搜索时长;用户是独自上网还是与其他人一起。

⑦ 人口统计学信息(年龄等)。年龄会对网站的设计风格和写作风格产生影响。但年龄不是统计学的全部信息,相同的年龄段用户之间也有很大的差别,如网站经验、网站的感觉(态度)、视力等方面的差别。在进行网站设计时应该满足所有人的需求(易用性)。

2.3.3 产品需求分析

1. 产品需求分析的内容

根据上一阶段选定的目标用户群,进行抽样研究,通过记录某一特定类型用户的生活场景或业务使用体验洞察用户的典型行为或生活习惯,了解他们在特定场景下的需求,结合企业自身的能力,拓展业务创新的空间。

2. 产品需求分析的步骤

(1) 需求采集。需求获取的方式依来源渠道差异可分为外部和内部两大类,如图 2-12 所示。

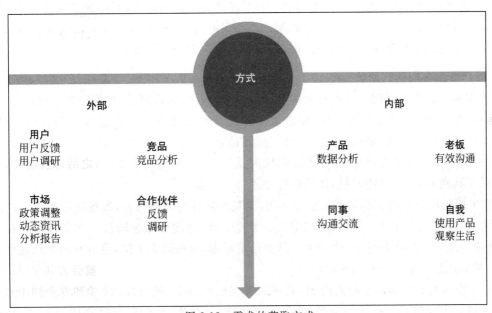

图 2-12 需求的获取方式

(2) 需求分类。需求可分为功能类需求、设计类需求、运营类需求、数据类需求,也可细分为如图 2-13 所示的内容。

(3) 需求分析。从用户提出的需求出发,找到用户内心真正的渴望,再转化为产品需求的过程。筛选不合理需求,挖掘用户目标,匹配产品,定义优先级。

(4) 需求评审。有了确切的需求方案之后可进行可行性评审,这一步必不可少。如果出现了"落不了地"和"频繁更改"的问题,则要着重在这个步骤里解决。可行性评审完成的是对需求的大致评估,主要包括需求本身的可行性、替代方案、涉及的产品或技术环节、成本估算。

- ◆ **基本需求**
  解决最基本的问题
- ◆ **易用性需求**
  用户体验,发布使用
- ◆ **可操作性需求**
  产品的操作环境,以及对该操作环境必须考虑的问题
- ◆ **运营需求**
  有利于产品运营的相关需求
- ◆ **政策及法律的需求**
  保证产品本身以及用户的使用不触及法律
- ◆ **安全性需求**
  产品的安全保密性、支付安全性、用户信息的安全性
- ◆ **性能需求**
  功能的实现必须快、靠谱、精准
- ◆ **可维护和可移植性需求**
  系统维护或者转移

图 2-13 需求的分类

2.3.4 产品生命周期分析

1. 产品生命周期的含义

产品生命周期(product life cycle,PLC)指产品的市场寿命。一种产品进入市场后,它的销售量和利润都会随着时间的推移而改变,呈现一个由少到多、由多到少的过程,如同人的生命一样,由诞生、成长到成熟,最终走向衰亡而产品从进入市场开始,直到最终退出市场所经历的市场生命循环过程就是产品的生命周期。产品只有经过研究开发、试销,然后进入市场,它的市场生命周期才算开始。产品退出市场,则标志着生命周期的结束。

2. 产品生命周期的阶段

典型的产品生命周期一般可分为四个阶段,即投入期、成长期、饱和期和衰退期。

(1) 投入期。新产品投入市场,便进入投入期。此时,顾客对产品还不了解,只有少数追求新奇的顾客可能购买,销售量很低。为了扩展销路,需要大量的促销费用对产品进行宣传。在这一阶段,由于技术方面的原因,产品不能大批量生产,因而成本高,销售额增长缓慢,企业不但得不到利润,反而可能亏损,产品也有待进一步完善。

(2) 成长期。这时顾客对产品已经熟悉,大量的新顾客开始购买,市场逐步扩大。产品大批量生产,生产成本相对降低,企业的销售额迅速上升,利润也迅速增长。竞争者看到有利可图,将纷纷进入市场参与竞争,使同类产品供给量增加,价格随之下降,企业利润增长速度逐步减慢,最后达到生命周期利润的最高点。

(3) 饱和期。市场需求趋向饱和,潜在的顾客已经很少,销售额增长缓慢直至下降,标志着产品进入了成熟期。在这一阶段,竞争逐渐加剧,产品售价降低,促销费用增加,企业利润下降。

(4) 衰退期。随着科学技术的发展,新产品或新的代用品出现,将使顾客的消费习惯发生改变,转向其他产品,从而使原来产品的销售额和利润额迅速下降。于是,产品又进入了衰退期。

此外,美国哈佛大学教授费农还把产品生命周期分为三个阶段,即新产品阶段、成熟产品阶段和标准化产品阶段。费农认为,在新产品阶段,创新国利用其拥有的垄断技术优势,开发

新产品；由于产品尚未完全成型，技术尚未完善；加之，竞争者少，市场竞争不激烈，替代产品少，产品附加值高，国内市场就能满足其攫取高额利润的要求等，产品极少出口到其他国家，绝大部分产品都在国内销售。在成熟产品阶段，由于创新国技术垄断和市场寡占地位的打破，竞争者增加，市场竞争激烈，替代产品增多，产品的附加值不断走低，企业越来越重视产品成本的下降，较低的成本开始处于越来越有利的地位；且创新国和一般发达国家市场开始出现饱和，为降低成本，提高经济效益，抑制国内外竞争者，企业纷纷到发展中国家投资建厂，逐步放弃国内生产。在标准化产品阶段，产品的生产技术、生产规模及产品本身已经完全成熟，这时对生产者技能的要求不高，原来新产品企业的垄断技术优势已经消失，成本、价格因素已经成为决定性的因素，并且发展中国家已经具备明显的成本因素优势，创新国和一般发达国家为进一步降低生产成本，开始大量地在发展中国家投资建厂，再将产品远销至第三国市场。

3. 各产品生命阶段的营销策略

典型的产品生命周期的四个阶段呈现出不同的市场特征，企业的营销策略也就以各阶段的特征为基点来制定和实施。

（1）介绍期市场营销策略。介绍期的特征是产品销量少，促销费用高，制造成本高，销售利润很低甚至为负值。根据这一阶段的特点，企业应努力做到以下几点：投入市场的产品要有针对性；进入市场的时机要合适；设法把销售力量直接投向最有可能的购买者，使市场尽快接受该产品，以缩短介绍期，更快地进入成长期。在产品的介绍期，一般可以由产品、分销、价格、促销四个基本要素组合成各种不同的市场营销策略。若将价格高低与促销费用高低结合起来考虑，则有以下四种策略。

① 快速撇脂策略。以高价格、高促销费用推出新产品。实行高价策略可在每单位销售额中获取最大利润，尽快收回投资；高促销费用能够快速建立知名度，占领市场。实施这一策略需具备以下条件：产品有较大的需求潜力；目标顾客求新心理强，急于购买新产品；企业面临潜在竞争者的威胁，需要及早树立品牌形象。一般而言，在产品引入阶段，只要新产品比替代的产品有明显的优势，市场对其价格就不会那么计较。

② 缓慢撇脂策略。以高价格、低促销费用推出新产品。目的是以尽可能低的费用开支求得更多的利润。实施这一策略的条件是市场规模较小，产品已有一定的知名度，目标顾客愿意支付高价，潜在竞争的威胁不大。

③ 快速渗透策略。以低价格、高促销费用推出新产品。目的在于先发制人，以最快的速度打入市场，取得尽可能大的市场占有率。然后随着销量和产量的扩大，使单位成本降低，取得规模效益。实施这一策略的条件是该产品市场容量相当大，潜在消费者对产品不了解，且对价格十分敏感，潜在竞争较为激烈，产品的单位制造成本可随生产规模和销售量的扩大迅速降低。

④ 缓慢渗透策略。以低价格、低促销费用推出新产品。低价可扩大销售，低促销费用可降低营销成本，增加利润。实施这一策略的条件是市场容量很大，市场上该产品的知名度较高，市场对价格十分敏感，存在某些潜在的竞争者，但威胁不大。

（2）成长期市场营销策略。新产品经过市场介绍期以后，消费者对该产品已经熟悉，消费习惯也已经形成，销售量迅速增长，这时新产品就进入了成长期。进入成长期以后，老顾客重复购买，并且带来了新的顾客，销售量激增，企业利润迅速增长，在这一阶段利润达到高峰。随着销售量的增大，企业生产规模也逐步扩大，产品成本逐步降低，新的竞争者会投入竞争。随着竞争的加剧，新的产品特性开始出现，产品市场开始细分，分销渠道增加。企业为维持市场继续成长，需要保持或稍微增加促销费用，但由于销量增加，平均促销费用有所下降。针对成长期的特点,企业为维持其市场增长率,延长获取最大利润的时间,可以采取下面几种策略。

① 改善产品品质。例如增加新的功能,改变产品款式,发展新的型号,开发新的用途等。对产品进行改进,可以提高产品的竞争能力,满足顾客更广泛的需求,吸引更多的顾客。

② 寻找新的细分市场。通过市场细分,找到新的尚未满足的细分市场,根据其需要组织生产,迅速进入这一新的市场。

③ 改变广告宣传的重点。把广告宣传的重心从介绍产品转移到建立产品形象上来,树立产品名牌,维系老顾客,吸引新顾客。

④ 适时降价。在适当的时机,可以采取降价策略,使那些对价格比较敏感的消费者产生购买动机和采取购买行动。

(3) 成熟期市场营销策略。进入成熟期以后,产品的销售量增长缓慢,逐步达到最高峰,然后缓慢下降;产品的销售利润也从成长期的最高点开始下降,市场竞争激烈,各种品牌、各种款式的产品不断出现。对成熟期的产品,宜采取主动出击的策略,使成熟期延长,或使产品生命周期出现再循环。为此,可以采取以下三种策略。

① 市场调整。这种策略不是要调整产品本身。而是发现产品的新用途、寻求新的用户或改变推销方式等,以使产品销售量得以扩大。

② 产品调整。这种策略是通过产品自身的调整来满足顾客的不同需要,吸引有不同需求的顾客。产品整体概念中任何一个层次的调整都可视为产品的再推出。

③ 市场营销组合调整。这种策略通过对产品、定价、渠道、促销四个市场营销组合因素进行综合调整,刺激销售量回升。常用的方法包括降价、提高促销水平、扩展分销渠道和提高服务质量等。

(4) 衰退期市场营销策略。衰退期的主要特点是产品销售量急剧下降,企业从这种产品中获得的利润很低甚至为零,大量的竞争者退出市场,消费者的消费习惯已发生改变等。面对处于衰退期的产品,企业需要进行认真的研究分析,决定采取什么策略,在什么时间退出市场。通常有以下几种策略可供选择。

① 继续策略。继续沿用过去的策略,仍按照原来的细分市场,使用相同的分销渠道、定价及促销方式,直到这种产品完全退出市场为止。

② 集中策略。把企业能力和资源集中在最有利的细分市场和分销渠道上,从中获取利润。这样有利于缩短产品退出市场的时间,同时又能为企业创造更多的利润。

③ 收缩策略。抛弃无希望的顾客群体,大幅度降低促销水平,尽量减少促销费用,以增加利润。这样可能导致产品在市场上的衰退加速,但也能从忠实于这种产品的顾客中得到利润。

④ 放弃策略。对于衰退比较迅速的产品,应该当机立断,放弃经营。可以采取完全放弃的形式,如把产品完全转移出去或立即停止生产;也可采取逐步放弃的方式,使其所占用的资源逐步转向其他的产品。

2.3.5 用户体验分析

1. 用户体验分析的含义

用户体验(user experience,UE/UX)是用户在使用产品过程中建立起来的一种主观感受。通俗来讲就是"这个产品好不好用,用起来方不方便"。ISO 9241—210 标准将用户体验定义为"人们对于针对使用或期望使用的产品、系统或者服务的认知印象和回应。即用户在使用一个产品或系统之前、使用期间和使用之后的全部感受,包括情感、信仰、喜好、认知印象、生理和心理反应、行为和成就等各个方面"。该说明还列出三个影响用户体验的因素:系统、用户和使用环境。对于一个界定明确的用户群体来讲,其用户体验的共性是能够经由良好的设计实验来认识到的。

2. 用户体验分析的内容

用户体验中有可以量化的部分,也有不可以量化的部分。通常,量化评价用户体验的实质是评价产品的可用性。根据 ISO 9241—210 的定义,产品的可用性指产品在特定使用环境下为特定用户用于特定用途时所具有的有效性(effectiveness)、易用性(usability)和用户主观满意度(satisfaction)。

(1) 有效性。有效性与产品策划相关,指产品所包含的功能是否能够满足用户的需求。用户的需求包括显性需求和隐性需求,显性需求指主需求和关联需求,而隐性需求指潜在需求。在提高产品的有用性方面,是不是满足的需求越多就越好呢?显然不是,需求要满足到什么程度,得结合产品的易用性进行权衡,找到一个自认为合适的点。满足的需求太多将会导致产品变得臃肿,对其性能和用户的认知、操作带来负面的影响。

要对一个产品的有效性进行评估,其实是一件比较困难的事情,它要求企业对该产品或与它相似的产品有着足够深入的研究。

(2) 易用性。提高产品的易用性是交互设计师的工作,易用性包含易学性和效率性。

易学性指用户在接触一个新产品时,最好不用学习也能懂得怎么使用,也就是很多人所说的用起来很"自然",其真正的内涵是指产品的设计要符合用户的心智模型。要做到这一点,产品的交互设计应该做到符合用户的操作习惯(并非指完全遵循各操作系统的交互范式,因为用户可能已经对一些非官方的操作范式十分熟悉;也不是说绝对不能打破已有的交互范式),或者根据现实的对照物给予用户足够的隐喻。

效率性的内涵则包含易于操控、步骤简便、清晰的导航或指引等特点。

(3) 用户主观满意度。用户最大的满意度来源于产品为其提供的价值(有效性和易用性),但除此以外还包含产品在性能、视觉和"彩蛋"方面的体验。性能指产品对用户操作的响应速度、出错的频率及严重程度;视觉指由眼球直接获取的愉悦感;"彩蛋"则是产品给予用户的一些惊喜或者意想不到的小感动,更进一层的话就是多维度的情感化设计,让用户与产品发生情感关联。

3. 用户体验分析的方法

(1) 定性分析。对用户体验进行定性分析,可采取访谈法、观察法、启发式评估、用户体验地图等方法。

① 访谈法。用提问交流的方式,了解用户的体验。用户访谈内容包括产品的使用过程、使用感受、品牌印象、个体经历等,属于定性研究的一种方法。通过访谈所获得的内容,可以被筛选、组织起来形成强有力的数据。访谈可以称得上是所有研究方法的基础,不仅因为访谈法在所有研究中都会被用到,而且根据项目和研究要求的不同,访谈的形式也可以做很多调整来适应所需要的目标。

② 观察法。观察法邀请若干名典型用户在用户体验设计师的观察和交流下完成设定的操作任务(最好能够对场景和用户分别进行录像),根据对测试过程中用户的生理暗示(动作、神态)、语言反馈和操作流畅度进行分析,从而发现产品设计的问题。

③ 启发式评估。启发式评估方法下,若干名用户体验设计方面的专家,以角色扮演的方式模拟典型用户使用产品的场景,利用自身的专业知识进行分析和判断,从而发现潜在的问

题。这种方法成本比较低，而且快捷，但是缺乏精度。

④ 用户体验地图（customer journey map，CJM）。用户体验地图是以视觉化方式呈现用户为达成某一目标所经历过程的工具。在时间框架下填入用户的目标和行为，随后填入用户的感受和想法，当用户信息逐渐完善后，再通过视觉化的方式予以呈现，最终服务于团队交流与设计洞察。通过创建体验地图，能够更好地理解目标用户在特定时间里的感受、想法和行为，认识到这个演变过程，寻找用户的痛点。

（2）定量分析。对用户体验进行定量分析，主要采取问卷调查的方法，如用户的满意度调查、用户体验调查等。问卷调查的相关知识在市场调研课程中会详细展开，这里只简单介绍满意度调查、用户体验调查的常用模型与量表。

① 满意度调查。该方法在测量上主要借鉴具有代表性且认可度较高的顾客满意度测量模型，如顾客满意度指数模型（ACSI 模型）、服务质量缺口模型（PZB 模型），以及 Kano 二维品质模型（Kano 模型）、四分图模型等；对于服务质量的测量可参考 SERVQUAL 量表。

② 用户体验调查。UEQ 量表是 SAP 公司开发的一套定量分析用户体验工具。它是一套快速评估交互产品用户体验的工具。用户在问卷上表达出他们在使用产品和服务中的感受、印象和态度，然后问卷可以通过 Excel 自动生成用户体验多个方面的量化表。

2.4 运营分析

运营分析包括销售数据分析、推广数据分析及客服绩效分析，具体内容如下。

2.4.1 销售数据分析

在企业经营销售过程中会出现大量的销售数据，需要企业根据前期的销售数据和市场变化情况及时调整销售策略，帮助销售部门实现销售目标。在运营部门和销售部门，必须有人从事销售数据的分析整理工作，分析商品销售情况和市场环境等。

进行销售数据分析，首先要明确此次数据分析的目标，然后围绕该目标收集相关的数据，整理并分析相应的数据，找到数据变动的原因，最后调整相关的内容，改善销售情况。

1. 分析目标定位

销售数据的分析任务来源多样，有产品更新换代和销售数据明显变动给销售部门带来的被动调整任务，也有企业根据自身发展主动调整的任务。企业在进行销售数据分析前，需要明确数据分析任务定位，并以此制定分析目标，收集与任务相关的数据。

以天猫平台某旗舰店为例，跟踪记录店铺每日的销售金额。因单日数据存在不确定的波动，所以应收集一个月的销售数据，统计每日的销售金额，绘制成折线图，如图 2-14 所示，观察店铺销售金额的具体情况。

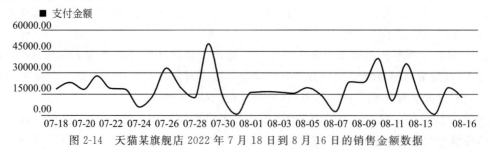

图 2-14　天猫某旗舰店 2022 年 7 月 18 日到 8 月 16 日的销售金额数据

除受天猫七夕节与天猫 88 会员节大促的影响,部分数据出现明显波动,其余数据基本稳定,虽然每日的成交金额起伏不定,但整体的销售额比较平稳。针对以上情况,销售人员需要及时分析销售金额起伏的具体原因,得出结论,并做出相应的调整。

2. 确定目标数据

$$网店的销售金额＝展现量×点击率×转化率×客单价$$

网店商品的展现量与商品的搜索排名有关,商品的点击率则与商品价格、主图等有关。展现量与点击率相乘得到点击量,在实际网店经营中,可用数据去重的访客数替代数据存在重复计算的点击量,使数据更具参考价值。

转化率与商品详情页设计、促销活动等有重大关系,反映网店商品对每一个访客的吸引力。在访客数稳定的情况下,提高转化率就能提高网店的销售额;反之,销售额将下降。

客单价与商品定价、促销活动等有重大关系,反映平均每个客户(订单)的购买金额。在订单数量基本稳定的情况下,提高客单价就可以提高网店的销售额;反之,销售额将下降。

如果发现店铺整体销售金额明显下降,则要从以上几个方面挖掘并整理数据,发现网店销售过程中存在的问题,并及时调整。

3. 整理及分析目标数据

从公式的最后端往前推,先将对应销售时间区间的客单价数据整理出来,绘制成折线图,如图 2-15 所示。

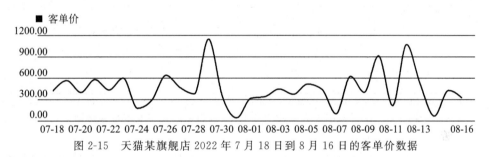

图 2-15　天猫某旗舰店 2022 年 7 月 18 日到 8 月 16 日的客单价数据

从整理出来的客单价数据中可以看到,除受天猫七夕节与天猫 88 会员节大促的影响,其余时间的客单价基本稳定在 100～600 元的范围内,结合图 2-13 的销售金额趋势分析,可以大致推断,大规模降价或促销是导致客单价起伏不定的原因。

在销售额公式中,去除客单价后,展现量、点击量、转化率三个数据的乘积就是订单数量。在确定客单价影响销售金额的可能性之后,整理大致的订单量数据如图 2-16 所示,基本能佐证前面的判断。

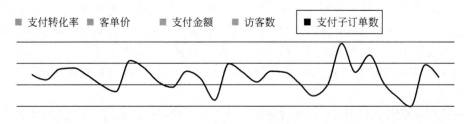

图 2-16　天猫某旗舰店 2022 年 7 月 18 日到 8 月 16 日的订单量数据

对比图 2-14 的销售金额趋势，在客单价基本稳定的情况下，订单量起伏的趋势与销售金额起伏的趋势基本吻合。随后，整理店铺的转化率数据，绘制店铺转化率折线图，如图 2-17 所示。

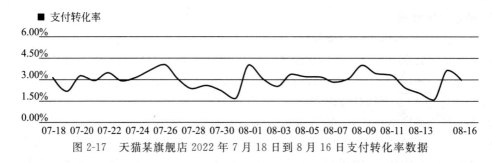

图 2-17　天猫某旗舰店 2022 年 7 月 18 日到 8 月 16 日支付转化率数据

从图 2-17 中观察店铺转化率的数据变化，转化率一直处于 1.6%～4%，虽有一定程度的波动，但基本在 3% 左右。而且对比图 2-14 的销售金额趋势，转化率的波动对销售金额有一定影响。

收集和整理天猫某旗舰店 2022 年 7 月 18 日到 8 月 16 日的店铺访客量数据，绘制访客量数据折线图，如图 2-18 所示。

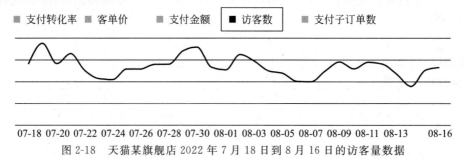

图 2-18　天猫某旗舰店 2022 年 7 月 18 日到 8 月 16 日的访客量数据

对比图 2-14 的销售金额趋势、图 2-15 的客单价趋势、图 2-16 的成交订单量趋势和图 2-18 的访客量趋势，可以明显发现，这四个数据的变化趋势非常相近。由此可以推断出，由于活动期间访客量变化，使订单数量变化，最终导致销售金额变化。

4. 分析数据变动原因

在整理和分析了目标数据后，可以大致得出导致销售金额下降的主要指标数据。对该指标数据的各方面影响因素进行仔细分析后，即可得到大致的变动原因，并以此为依据，进行优化调整，再观测数据，然后再次进行调整。

以前面的天猫某旗舰店的数据为例，在确定访客量下降导致销售金额下降后，可以进一步分析网店访客量下降的原因并进行调整，使访客量上涨即可使网店的销售金额跟着上涨。

网店内商品排名对访客量的影响较大，其中跳失率是影响商品排名的一个重要因素。在生意参谋中观察访客量和跳失率的变化趋势，如图 2-19 所示，可以发现跳失率与访客量的关系。

通过仔细观察图 2-19 中 20 天的访客量与跳失率数据可以发现，若前一天的跳失率高，则第二天的访客量以下降为主，若前一天的跳失率低，则第二天的访客量以上升为主，且跳失率变化越大，第二天的访客量变化就越大。

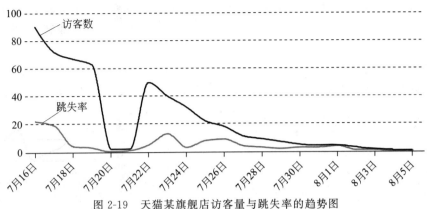

图 2-19 天猫某旗舰店访客量与跳失率的趋势图

以此思路,可以进一步分析每一个商品的跳失率,重点分析高访客量商品的跳失率,优化这些引流商品的详情页。

此外,利用类似的方法分析商品区域销售数据、季节性销售数据、商品关键词排名数据等,找出访客量下降的原因,并做出针对性的调整。

2.4.2 推广数据分析

企业里设有市场推广、市场营销等类似岗位,帮助企业推广产品,拓展市场占有率,尤其对于互联网零售电商,主要销售平台在网上,做好互联网推广工作是企业销售的重中之重。

进行推广数据分析,首先要明确此次推广的目标定位,然后围绕该目标收集相关的数据,整理并分析相应的数据,找到推广中的优势与不足,最后调整相关的推广策略和内容,改善推广效果。

1. 推广目标定位

企业进行推广的目的是销售,但方式千差万别,不同的推广方式往往有不同的推广侧重点。有些推广方式是为了销售赚钱,如电话营销、电子邮件营销、地面推广、团购活动等;有些推广方式以提升品牌影响力为主,如免费试用;还有些推广方式以带动展现机会为主,如直通车推广带动商品搜索排名。

针对不同的推广方式,需要明确企业在做推广时的直接目标,然后围绕这个直接目标收集数据,分析推广效果,如果存在多个推广目标,容易使推广数据的分析出现偏差。

以淘宝/天猫平台的 SEM 直通车推广为例。直通车是为淘宝/天猫卖家量身定制的,是按点击付费的效果做营销的工具,可以在卖家商品自然搜索排名靠后的情况下获取 SEM 点击付费流量,帮助销售商品并提升商品排名。在实际使用中,推广存在两种目的:一种是以销售为主,辅助维持商品排名;另一种以提升商品排名为主,不考虑直通车的直接销售效果。

2. 收集推广目标数据

明确推广目标后,可以围绕相应的目标收集推广数据,或者测试推广的方案,获取测试的推广数据,进行进一步整理分析。

以淘宝/天猫平台的直通车为例,如果进行直通车推广纯粹为了提升商品的排名,就要重点关注推广计划和推广关键词的展现量、点击量、点击率数据。如果进行直通车广告的目的是销售商品,获取利润,就要重点关注推广计划和推广关键词的投入产出比和转化率。

以后者为例，进一步展开分析，直通车投入产出比和转化率的数据与直通车的精准投放有重大关系。

直通车的精准投放首先通过关键词来实现，只有搜索选定的关键词的客户才能够看到和点击推广的商品，产生费用。但是，搜索的人群存在不同年龄、不同地域、不同消费能力、不同消费习惯等一系列差别，并且用同一关键词进行搜索展现出的商品也存在差异，如图 2-20 所示。

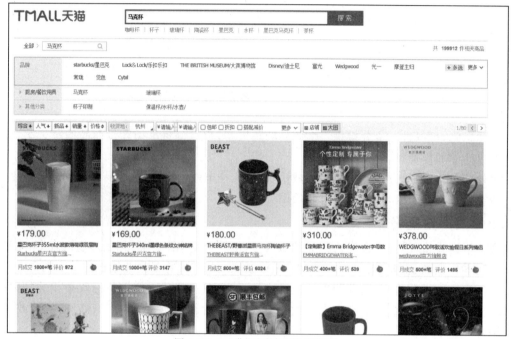

图 2-20 天猫“马克杯”搜索结果

因此，直通车推出了人群定向功能，帮助卖家更精准地推广。现以人群定向的两个维度标签“年龄”和“性别”为例，组建测试组，覆盖所有年龄和性别组合，如图 2-21 所示。

计划名称	类型	限额	展现量	点击量	点击率	成交量	成交率	花费	平均点击花费	操作
男40-50	标准推广	100	0	0	0%	0	0%	¥ 0.00	¥ 0.00	设置限额 修改名称 删除
男30-39	标准推广	100	0	0	0%	0	0%	¥ 0.00	¥ 0.00	设置限额 修改名称 删除
男25-29	标准推广	100	0	0	0%	0	0%	¥ 0.00	¥ 0.00	设置限额 修改名称 删除
男18-24	标准推广	100	0	0	0%	0	0%	¥ 0.00	¥ 0.00	设置限额 修改名称 删除
女50以上	标准推广	100	0	0	0%	0	0%	¥ 0.00	¥ 0.00	设置限额 修改名称 删除
女40-49	标准推广	100	0	0	0%	0	0%	¥ 0.00	¥ 0.00	设置限额 修改名称 删除
女35-39	标准推广	100	0	0	0%	0	0%	¥ 0.00	¥ 0.00	设置限额 修改名称 删除
女30-34	标准推广	100	0	0	0%	0	0%	¥ 0.00	¥ 0.00	设置限额 修改名称 删除
女25-29	标准推广	100	0	0	0%	0	0%	¥ 0.00	¥ 0.00	设置限额 修改名称 删除
女18-24	标准推广	100	0	0	0%	0	0%	¥ 0.00	¥ 0.00	设置限额 修改名称 删除

图 2-21 直通车人群定向性别年龄维度组合

如果每个组初始溢价统一为 1%，那么每个关键词的某人群出价＝关键词出价×(1＋该人群溢价)，如图 2-22 所示。

人群	实际溢价	关键词排名	建议溢价	潜在买家权重
时尚女性	20 %	25	10%	8.15%
休闲男性	0 %	87	15%	4.22%
数码达人	10 %	39	20%	2.46%
电玩达人	10 %	39	10%	3.11%
美食达人	10 %	39	10%	4.12%

图 2-22　直通车人群定向溢价数据

3. 整理和分析目标数据

如果设定人群定向分组的目的是选出精准需求的人群，对这些人群进行精准投放，可优先关注投入产出比和转化率数据，其次关注点击率。投入产出比和转化率数据体现了该人群的购买意愿，而点击率是点击基数的保证。又由于投入产出比的数值受到转化率和客单价的综合影响，所以可优先选择转化率作为转化效果数据，选择点击率作为点击基数数值。

现以点击率为横坐标，转化率为纵坐标，在 Excel 表格中作图，如图 2-23 所示。

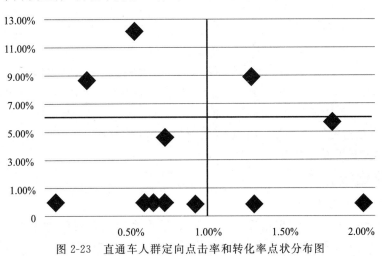

图 2-23　直通车人群定向点击率和转化率点状分布图

以横轴纵轴划分出四个象限，图 2-23 中的点分布在四个象限中。右上区域第一象限的点代表高点击、高转化人群，这类人群可以增加溢价比例，应重点推广。左上区域第二象限是低点击、高转化人群，这类人群点击基数偏低，提高溢价比例使关键词排名靠前，增长点击基数后再观察转化数据。右下区域第四象限是高点击、低转化人群，点击花费推广费用却没有推广效果。左下区域第三象限是低点击、低转化人群，点击基数偏低，转化数据存在不确定性。

针对以上的数据分析结果，可得出初步结论是优先推广第一象限区域内的优质人群，适当增加第二、第三象限的点击基数，降低第四象限内人群的推广出价。

4. 推广策略调整

根据收集整理的数据及分析的结论，可为三个较为优质的人群提高溢价，如图 2-24 所示。

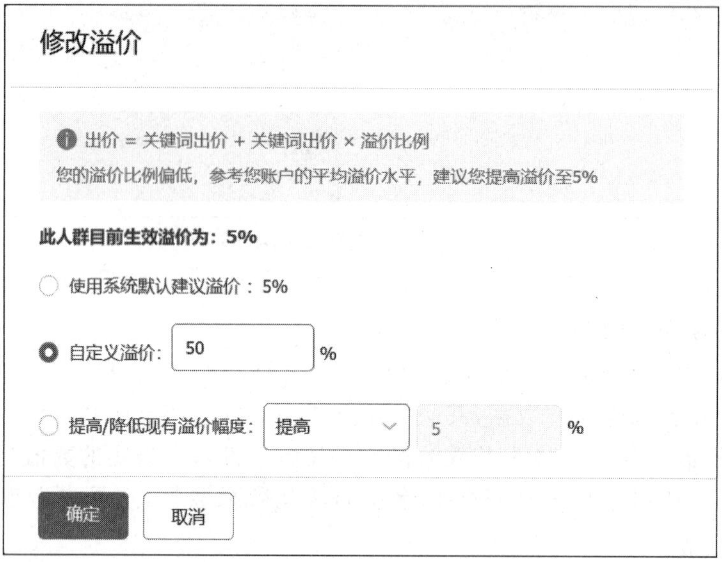

图 2-24　直通车人群定向溢价调整

假设某关键词的原出价为 1 元,可以调整该关键词出价为 0.5 元,将第四象限人群设置最低为 1%,就能使这部分人群的实际出价远低于原有的 1 元,而调整第三象限人群的溢价为 100%,使这部分人群的实际出价维持在原有的 1 元,而将第一、第二象限的人群溢价设置为 200%,就能使这部分人群的出价达到 1.5 元。这样就能达到提高优质人群出价、降低无效人群出价、控制潜力人群出价的精准推广目的。

根据这种方法也能测试消费金额、天气情况等人群数据,实现更为精准的直通车关键词推广投放,从而有效利用推广费用,提高推广效果。

2.4.3　客服绩效分析

1. 客服绩效分析的目的

可以将客服的绩效考核简单地理解为一份合同,由客服主管制定,客服团队执行,并且根据客服的完成情况,管理者给予相应的激励,从而最终达到共同的目的。

客服绩效考核的目的不仅仅是管理他们,还是为了帮助客服多赚钱,为店铺多赚钱,实现双赢。所以,客服绩效考核应该是受客服欢迎的,而不是使其感觉受到束缚。

店铺要发展,少不了客服。如何留住客服、用好客服,是一门非常大的学问。不少店铺已经做到了 3 冠、4 冠,乃至更高。但随着店铺规模越来越大,客服数量逐渐增多,客服绩效考核这一环节却一直拿捏不准,所有的客服都给予同样的待遇,做得好的客服心理不平衡,做得不好的客服会无压力,形成一个恶性循环,对店铺发展及公司发展情况造成负面影响。

对于管理者来说,客服绩效考核有以下几个作用。

(1) 节约店铺成本。

(2) 明确定位于目标下。

(3) 提升客服工作效率。

(4) 体现公司激励文化。

(5) 为公司带来实质性收益提升。

2. 员工绩效分析的方法和步骤

第 1 步，制定适合自己店铺的客服绩效考核标准，分析自己公司的客服团队组成情况，其参考标准可包含以下内容。

① 客服团队的人员结构、配置是否合理。

售前接待：直接跟客户接触，要求对自己的产品和淘宝规则熟悉，有一定的销售能力和经验。

售中维护：从成交到收货，会有一个空档期，需要热情维护和跟踪，提升好评量。

售后处理：针对客户售后提出的问题，要快速准确地进行处理，耐心、专业、高效很重要。

② 团队的年龄、学历层次、男女比例、资历情况。

③ 不同的团队结构要采取适当的管理方法。

第 2 步，设置如下关键考核指标。

① 营业额。此处的营业额指客服人员引导下单的营业额，即通过客服落实的付款金额。

② 最终付款成功率。最终付款成功率指从顾客咨询客服到顾客最终付款的一个比例。

③ 客单价。客单价是由客服绩效考核引入的概念，是对客服工作能力的一个重要体现。客单价指当日平均每个顾客的购买力。例如，当日 100 个顾客购买了 30000 元商品，那么客单价为 $30000 \div 100 = 300$ 元。客单价是考核客服绩效的一项非常重要的指标，一个好的客服，在工作中做的不仅仅是接待，还会在接待的同时，去主动引导，推荐顾客购买相关商品，从而提高客单价，最终提高个人及整个店铺的营业额。通过各项数据佐证，静默下单（不通过客服落实顾客自助拍下）的客单价，要低于客服客单价，并且要低很多，由此可见客服的重要性。

④ 协助跟进人数。这是一个需要特别解释的概念，先了解一下协助服务的概念，协助服务指协助其他客服服务顾客。当多个客服服务一个顾客成功后，因为事实上只发生了一个成功事件，所以成功只会计入一个客服身上。秉承公平原则，谁牵头算谁的绩效，而其他客服，便计入协助服务，不影响他们的转化率统计。顾客下单前的协助服务被称为协助下单，顾客下单后的协助服务被称为协助跟进。协助跟进人数指客服服务过的已经成功购买的顾客人数，这些不会计入客服的正常绩效中，但因为客服同样服务过，并且多半是因为有他们的协助跟进，顾客才真正完成购买，所以协助跟进人数，也能从中了解到客服的工作情况。

⑤ 旺旺回复率。旺旺回复率指客服回应顾客咨询人数的一个比例，例如当日所有顾客咨询，客服都回应了，那么旺旺回复率是 100%。如果面对发广告客服不回复的情况，这不仅仅会影响旺旺回复率的统计，也同样会影响客服正常绩效包括询单流失人数、引导成功率等统计。比较好的客服绩效管理软件，会提供这方面的过滤，例如过滤掉广告事件不计入客服绩效，让客服绩效考核更加精确。

⑥ 响应时间。响应时间指从顾客咨询到客服回应的每一次的时间差的均值。这个值一般跟店铺接待情况及客服工作压力即同时接待客户数有关。一般来说，五六十秒的响应时间是相对正常的，做得好的客服会把响应时间控制在二三十秒，做得不好的也可能使响应时间达到一百秒甚至更高。顾客咨询半天客服才回应，这很容易导致客户流失，影响店铺销量。

常见的客服绩效考核指标如图 2-25 所示。

```
                                    ┌─ 指标完成率（销售额）：引导下单      计算标准：
                                    │  的整体交易额                    实际销售额/计划销售额
                                    │
                                    │  咨询转化率：引导订单成交并付款     计算标准：
                                    │                                最终下单人数/咨询人数
                                    │  客单价：通过客服服务之后的        计算标准：销售额/下
                                    │  客单价                         付款人数(有效客单价)
                                    │
                         ┌─ 售前客服 ─┤  旺旺回复率：客服回复客户消息      计算标准：回复过的
                         │           │  与客户消息数量的比值越高越好      客户数/总接待客户数
                         │           │
                         │           │  首次响应时间：针对买家旺旺       计算标准：平均每个
                         │           │  的消息反馈时间间隔，以回馈       客户的旺旺首次响应      [上级打分]
                         │           │  信息发出为准，越短越好          时间
                         │           │
                         │           └  满意度：单客服服务              计算标准：按照主管要求
                         │              满意度或订单完成时              完成分配的任务/平时的工    [上级打分]
 常见的客服 ─┤              对整笔交易的满意度              作表现
 绩效考核指标 │
                         │           ┌─ 指标完成率(纠纷)：处理买家       计算标准：交易纠纷成功
                         │           │  纠纷等事件的完成度              解决数/交易纠纷数
                         │           │
                         │           │  首次响应时间：针对买家旺旺的
                         │           │  消息反馈时间间隔，以回馈信息      计算标准：平均每个客户
                         │           │  发出为准，越短越好              的旺旺首次响应时间
                         │           │
                         └─ 售后客服 ─┤  聊天记录：通过抽查，发现客服服务态度，心态与
                                     │  质量(主观判断)
                                     │
                                     │  专业知识：通过对商品等方面的专业知识进行考核        [上级打分]
                                     │  来判定，越优越好（主观判断）
                                     │
                                     └  满意度：对售后处理的整体满意度
```

图 2-25 常见客服绩效考核指标

第 3 步，设置考核内容包括如下内容。

① 销售额的考核。年度销售目标拆解到月；按照店铺的静默下单比例估算出询单转化的比率后，制定月度客服销售目标；根据客服的资历等级、产品品类分配销售目标。

② 客服回复率的考核。回复率＝回复客户数÷总接待客户数。制定全店的回复率要求，一般为 100％；每下降多少百分比扣多少分；特殊情况，如半年内允许有几个未回复人数，不扣绩效。

③ 相应时间的考核。分析自己所在行业的平均回复时间；根据每日的接待客户数量平均数据，安排好足够的客服人数；制定自己店铺的相应时间标准，例如 6 秒是满分，每多多少秒扣几分。

④ 询单转化率的考核。询单转化率＝下单人数÷询单人数。按照行业平均和店铺平均制定标准，例如满分 100 分，30％为 60 分，每少一个百分点扣多少分，每多一个百分点加多少分。

⑤ 聊天记录的考核。每周由专人负责查看客服人员的聊天记录(有条件最好每天)；在例会上将典型案例拿出来分享，有赏有罚；制定聊天中杜绝的词语、句子、态度，长期做好产品知

识和销售技巧、消费者心理学的培训,制定标准的话术;主观评分,划分优、良、及格等几个级别的分数。

第 4 步,设置权重值。

① 分析企业的实际情况。不同的企业规模应该有不同的考核权重:小规模发展初期的电商企业更多关注营业规模,提高销售、客单价的考核比例;发展到一定阶段后应关注提高服务质量的考核,如响应率、回评、回复时间等;后期人员数量增多时,要适当提高日常管理方面的考核权重。

② 确定权重比例。满分 100 分,根据企业实际情况分配指标权重,可以有额外的加分,绩效要与奖金直接挂钩,如表 2-10 所示为某天猫店客服绩效考核。

表 2-10 客服绩效考核

某天猫店客服绩效考核范例								
考核点	回复率 10%	首次响应时间 5%	询单转化率 25%	工作日志 5%	案例收集 5%	出勤率 15%	回评指数 10%	聊天记录 25%
绩效考核要求	回复客户数÷总接待客户数	$X<10$ 秒,100 分;每多 1 秒扣 2 分	最终下单人数÷询单人数	工作日每天上交工作日志	每月收集真实客服工作案例 3 个,并且经指导教师认定为合格案例	每天按时打卡(指纹)上下班	1 个差评扣 2 分,1 个中评扣 1 分	通过抽查聊天记录,评价客服服务态度及质量
	回复率=100%		转化率达到 30% 为及格,获得 60 分;少 1 个百分点扣 3 分;多 1 个百分点加 3 分	少 1 次扣 0.1 分	全部上交及格;不足为 0 分	迟到早退每次扣 1 分		优秀得满分
	允许半年内有 3 人次未回复			认真完成加 2 分	多 1 个加 2 分	旷工扣 2 分	解决 1 个评价加 5 分,解决不了不加分	良好得 8 分
	$X=0$ 表示 100 分;$X=1$ 表示 80 分;$X=2$ 表示 70 分;$X=3$ 表示 60 分			抄袭、复制、不符合实际扣掉所有分数	认真完成加 2 分	请假要经指导教师、部门经理批准		及格得 6 分

思考题

(一) 单项选择题

1. 进行市场需求调查时可采用的方法有(　　)。
   A. 观察法　　　　B. 访问法　　　　C. 问卷法　　　　D. 以上都是
2. 关于产业链分析,以下说法错误的是(　　)。
   A. 在某一个产业中,由相关联的上下游企业组成的结构被称为产业链
   B. 产业链分析主要用于分析企业间差异,帮助企业找到富有价值与发展前景的具体业务
   C. 上游产业和下游产业之间存在着大量的信息、物质、价值方面的交换关系

D. 下游环节向上游环节输送产品或服务

3. 进行细分市场分析时,以下可以作为确定市场细分变量的因素是(　　)。
   A. 人口特征变数　　　　　　　　B. 消费心理特征
   C. 消费行为特征　　　　　　　　D. 以上都是

4. 以下关于市场生命周期四阶段描述错误的是(　　)。
   A. 启动期,解决用户认知的问题,重点在于个性化服务
   B. 成长期,解决用户转化的问题,重点在于运营
   C. 成熟期,解决用户留存的问题,重点在于品牌建设
   D. 衰退期,解决产品转型和创新的问题

5. 人口统计学信息属于客户数据中的(　　)。
   A. 描述性数据　　B. 行为性数据　　C. 关联性数据　　D. 预测性数据

6. 进行客户数据采集时,可以通过(　　)。
   A. 向数据公司租用或购买　　　　B. 向目录营销与直复营销组织购买
   C. 从工具软件中获得　　　　　　D. 以上都是

7. 客户画像具有(　　)等作用。
   A. 精准营销　　　　　　　　　　B. 助力产品
   C. 行业报告与用户调研　　　　　D. 以上都是

8. 精准营销的典型应用场景包括(　　)。
   A. 客户价值识别　　　　　　　　B. 用户行为指标跟踪
   C. 个性化关联分析　　　　　　　D. 以上都是

9. 以下属于推广数据的有(　　)。
   A. 直通车转化率　　　　　　　　B. 展现量
   C. 点击率　　　　　　　　　　　D. 以上都是

10. 客服绩效考核常用指标有(　　)。
    A. 销售额与销售比重　　　　　　B. 咨询转化率
    C. 平均响应时间　　　　　　　　D. 以上都是

(二)多项选择题

1. 商务数据分析的主要内容包括(　　)。
   A. 行业分析　　　　　　　　　　B. 客户分析
   C. 产品分析　　　　　　　　　　D. 运营分析

2. 以下属于行业数据采集内容的是(　　)。
   A. 行业规模数据　　　　　　　　B. 龙头企业相关信息
   C. 行业报表数据　　　　　　　　D. 竞品数据

3. 市场需求调查的主要任务包括(　　)。
   A. 需求量调查　　　　　　　　　B. 需求结构调查
   C. 需求时间调查　　　　　　　　D. 需求对象调查

4. 用户体验分析主要包括(　　)分析。
   A. 有效性　　　B. 效率　　　C. 满意度　　　D. 趣味性

5. RFM模型通过对(　　)指标进行分析,进而计算出客户价值。
   A. 客户第一次来店消费的时间

B. 客户最近一次消费日期距离当前的时间
C. 统计周期内的消费次数
D. 统计周期内客户消费的平均金额

（三）名词解释

1. 产业链
2. 市场生命周期
3. 客户画像
4. RFM 分析模型
5. 用户体验
6. KPI

（四）简答题

1. 简述行业分析的主要内容。
2. 简述客户分析的主要内容。
3. 简述产品分析的主要内容。
4. 简述运营分析的主要内容。

项目 3

基础数据的采集

【项目简介】

数据伴随消费者和企业的行为实时产生,类型多种多样,既包含消费者交易信息、消费者基本信息、企业的产品信息与交易信息,也包括消费者评论信息、行为信息、社交信息和地理位置信息等。在大数据环境下,电商平台中的数据是公开、共享的,但数据间的各种信息传输和分析需要经过采集与整理。本项目通过采集与整理,可以将大量离散的数据有目的地整合在一起,从而发现隐藏在数据背后的奥秘。

【知识培养目标】

(1) 了解数据采集的概念。
(2) 熟悉数据采集的原则。
(3) 熟悉数据采集的方法和步骤。

【能力培养目标】

(1) 能够熟练使用数据采集工具。
(2) 能够独立完成电子商务市场、运营、产品数据采集。

【思政培养目标】

课程思政及素养培养目标如表 3-1 所示。

表 3-1 课程内容与课程思政培养目标关联表

知识点	知识点诠释	思政元素	培养目标及实现方法
生意参谋	生意参谋集数据作战室、市场行情、装修分析、来源分析、竞争情报等数据产品于一体,是商家统一数据产品平台,也是大数据时代下赋能商家的重要平台	商场如战场,商场打仗需要好的助手来辅助才能打好每一战。个人成功也是如此,想取得重大成就也是离不开团队支持的	培养学生具有勇于奋斗、乐观向上的集体意识和团队合作精神
搜索指数	搜索指数是以搜索引擎海量网民的行为数据为基础的数据分享平台,是决策关键词时的重要依据	搜索指数是基于海量网民的行为数据为基础的数据。国家的发展也是基于广大人民群众的支持,由无数个个人小梦,才共同构成中国大梦	培养学生掌握中国特色社会主义理论体系,牢固树立正确的世界观、人生观、价值观

续表

知识点	知识点诠释	思 政 元 素	培养目标及实现方法
客户画像	客户画像即客户信息标签化,完美地抽象出一个客户的信息全貌,可以看作企业应用大数据的根基	每个用户在网络平台上都有一个画像,这让平台能更好地服务于顾客。在人生的舞台上,每个人也有属于自己的画像,只有认清自己的画像,才能更好地学习和适应周边的环境	培养学生具有自主学习和终身学习的方法,具有学习和解决问题的能力

【思维导图】

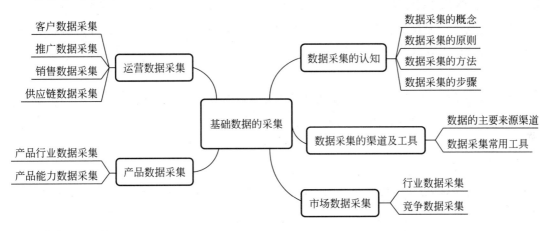

【案例导入】

某品牌是一家专注于健康饮食电器的研发、生产和销售的现代化企业,多年来一直保持着健康、稳定、快速的增长,现已成为小家电行业的著名企业,规模位居行业前列。

随着电子商务的快速发展,该品牌在各大电商平台(如天猫、京东等)均开设了旗舰店,并且有多家授权店铺。近期,该品牌发现授权店铺向非授权店铺窜货、低价出售商品,导致销售价格不统一、市场混乱,严重影响该品牌新品的市场销售,透支品牌价值。

为此,该品牌决定采集各大电商平台的相关数据,通过采集的数据甄别非授权店铺,筛选低价店铺,惩治电商平台价格混乱现象。

在采集数据前,需要结合数据分析的需求确定采集范围和采集指标,该品牌计划采集淘宝、天猫、京东、一号店、苏宁易购等主流电商平台卖家及销售价格。因要采集的数据量大,该品牌与提供数据采集服务的第三方公司合作,合法采集有效数据,并对采集的数据按照平台进行归类、检查和分析,第一时间筛选低价、禁售店铺和电子商务网站,通过通知调整、知识产权维权、行政干预等手段,整治渠道乱价现象。

结合案例,思考并回答以下问题。

(1) 该案例中进行数据采集的原因是什么?

(2) 该案例中数据采集经历了哪几个步骤?

3.1 数据采集的认知

3.1.1 数据采集的概念

数据采集是进行电子商务数据分析的基础,电子商务数据分析的后续所有工作内容均围绕这一环节所采集的数据展开。

数据采集也叫数据获取,指通过在平台源程序中预设工具或程序代码,获取商品状态变化、资金状态变化、流量状态变化、用户行为和信息等数据内容的过程,为后续进行数据分析提供数据准备。数据伴随消费者和企业的行为实时产生,类型多种多样,既包含消费者交易信息、消费者基本信息、企业的产品信息与交易信息,也包括消费者评论信息、行为信息、社交信息和地理位置信息等。在大数据环境下,电商平台中的数据是公开、共享的,但数据间的各种信息传输和分析需要经过采集与整理。通过采集与整理,可以将大量离散的数据有目的地整合在一起,从而发现隐藏在数据背后的秘密。

3.1.2 数据采集的原则

在进行电子商务数据采集的过程中,只有及时、有效、准确且合法的数据才能分析出对电子商务运营和决策有帮助的结果。

1. 及时性

进行数据采集需要尽可能地获取到电子商务平台的最新数据,只有最新数据与往期数据进行对比,才能更好地发现当前的问题并预测变化趋势。

2. 有效性

在进行数据采集的过程中,需要注意数值期限的有效性。例如,采集某商品的采购价,由于市场行情变化,供应商的价格都有相应的报价时效,一旦超过时效价格就可能发生变化,从而影响采购预算。

3. 准确性

在数据分析过程中,每个指标的数据可能都需要参与各种计算,有些数据的数值本身比较大,一旦出错,参与计算之后就可能出现较大偏差。在进行数据采集时,需要确保所摘录的数据准确无误,避免数据分析时出现较大偏差。

4. 合法性

数据采集还需要注意合法性。例如,在进行竞争对手数据采集的过程中,只能采集相关机构已经公布的公开数据,或是在对方同意的情况下获取的数据,而不能采用商业间谍或以不正当窃取等非法手段获取的数据。

3.1.3 数据采集的方法

根据需求不同,数据采集的方法也多种多样。在电子商务运营领域,数据采集的方法大致可以分为以下几类。

1. 网页数据采集

在采集行业及竞争对手的数据时,电商平台上的一些公开数据,如商品属性数据(商品结构和标题、品牌、价格、销量、评价),可以直接进行摘录或使用火车采集器、八爪鱼采集器等爬虫采集工具进行采集。

对于淘宝、京东等电子商务平台卖家,平台提供类似生意参谋、京东商智等工具,对店铺及平台的市场数据进行网页呈现,同样可以采用上述方法进行采集。

2. 系统日志数据采集

在网站日志中记录了访客 IP 地址、访问时间、访问次数、停留时间、访客来源等数据。通过对这些日志信息进行采集、分析,可以挖掘电子商务企业业务平台日志数据中的潜在价值。

3. 数据库采集

每个电商平台都有自己的数据库,在数据库中记录着访客在平台上的注册时间、用户名、联系方式、地址,以及订单的交易时间、购买数量、交易金额、商品加购等信息。通过数据库采集系统直接与企业业务后台服务器连接,将企业业务后台每时每刻产生的大量业务记录到数据库中,最后由特定的处理系统进行数据分析。

4. 报表采集

一些独立站点可能没有如每天咨询客户数、有效订单等指标统计功能,在进行数据采集时可以通过每日、每周的工作报表进行相应数据的收集,如售前客服咨询销售报表,如表 3-2 所示。

表 3-2 售前客服咨询销售报表

时间		咨询人数	接待人数	询单人数	询单流失人数	销售额	销售额(付款商品数)	销售人数
7月1日	星期一	11	11	9	7	1109	2	2
7月2日	星期二	5	5	5	3	464	1	1
7月3日	星期三	25	25	14	6	5175	15	7
7月4日	星期四	35	35	29	25	5358	0	0
7月5日	星期五	10	10	6	6	0	0	0
7月6日	星期六	10	10	6	6	0	0	0
7月7日	星期日	0	0	0	0	0	0	0
合计		96	96	69	53	12106	18	10

注:如无特殊说明,本书提及的金额单位均为"元"。

5. 调查问卷采集

在对用户需求、习惯、喜好、产品使用反馈等数据进行采集时,常常会用到调查问卷,数据采集人员通过设计具有针对性的问卷,采用实际走访、电话沟通、网络填表等方式进行信息采集。

3.1.4 数据采集的步骤

数据采集是一项烦琐而又有难度的工作,如何快速、准确地进行数据采集是数据分析人员的必备技能。

1. 确定采集范围及人员分工

进行数据采集前,首先需要对数据采集目标进行分析,明确数据采集的指标范围和时间范围。接着明确这些数据需要从哪些途径及部门采集,最后确定参与部门和人员配备。

2. 建立数据指标规范

在进行数据采集前,还需要用数据指标对数据进行唯一性标识,并且贯穿在之后的数据查询、分析和应用过程中。建立数据指标规范是为了使后续工作有可以遵循的原则,也为庞杂的数据分析工作确定了可以识别的唯一标识。例如,UV(unique visitor)也被称为独立访客或独立访客数,如果不规范使用,后期数据分析时,就可能出现数据不完整或重复计算等现象,从而使结果产生偏差。

3. 数据检查

数据采集后还需要进行数据检查,确保数据的完整性、准确性、规范性。

(1) 完整性检查。完整性即记录数据是否完整。完成数据采集后,对数据进行复查或计算合计数据,并将其和历史数据进行比较。同时还要检查字段的完整性,保证核心指标数据完整。

(2) 准确性检查。在数据收集的过程中,可能会有个别数据出现录入错误,可以通过平均、求和等操作与原始数据进行比对,如发现比对结果不匹配,则需要检查出相应的错误数据。

(3) 规范性检查。检查收集的数据中是否存在多个商品标识编码相同或同一数据出现多个数据指标等情况。

在进行数据检查的过程中,数据收集人员需要实时记录并通报出现的问题,避免在后续工作中出现同样的问题,降低工作效率。

3.2 数据采集的渠道及工具

3.2.1 数据的主要来源渠道

电子商务数据的有效性、准确性与及时性建立在可靠数据来源的基础上,常见的数据来源渠道有以下两种。

1. 内部数据

内部数据渠道主要指在电子商务项目运营过程中,电子商务站点、店铺自身所产生的数据信息,如站点的访客数、浏览量、收藏量,商品的订单数量、订单信息、加购数量等数据。这些数据可通过电子商务站点、店铺后台或类似生意参谋、京东商智等数据工具获取。对于独立站点流量数据还可使用百度统计、友盟等工具进行统计采集。

2. 外部数据

在进行行业及竞争对手数据采集时,通常需要借助外部数据。在选择外部数据时,尤其需要注意的是数据的真实性和有效性。常用的外部数据渠道有以下几种。

(1) 政府部门、行业协会、新闻媒体、出版社等。政府部门、行业协会、新闻媒体、出版社等发布的统计数据、行业调查报告等,如国家统计局每个阶段都会发布宏观经济、居民消费价格指数等数据报告。

(2) 权威网站、数据机构。权威网站、数据机构发布的报告、白皮书等,常见的网站和数据机构有易观数据、艾瑞咨询等,这些平台提供的行业或行业类龙头企业数据参考性较高,是重要的行业及企业数据采集渠道。

(3) 电子商务平台。电子商务平台上聚集着众多行业卖家和买家,也是电子商务数据产生的重要来源,如本项目案例导入中通过工具对淘宝网特定商品的销售价格、付款人数等数据进行采集,来分析最受消费者欢迎的价格区间。这就直接利用了电子商务平台所展示的数据。

(4) 指数工具。百度指数、360趋势、搜狗指数、阿里指数等工具依托平台海量用户行为数据,将相应的搜索数据趋势、需求图谱、用户画像等数据通过指数工具向用户公开,该类型数据可为市场行业、用户需求和用户画像数据分析提供重要参考依据,如图3-1所示。

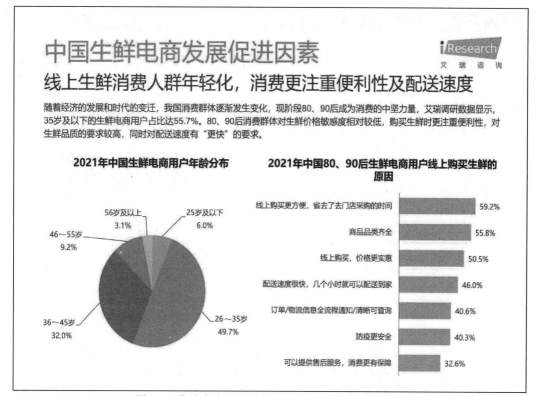

图 3-1　艾瑞咨询 2021 年中国生鲜电商行业研究报告

除上述几种指数工具外,还有今日头条提供的头条指数、微信提供的微信指数等,可为移动电子商务的开展提供数据参考。

3.2.2　数据采集常用工具

数据采集工具是使用数据采集技术,通过识别数据渠道中所需数据指标,将数据进行摘录整理,形成数据文档的工具。掌握数据采集工具的使用是数据采集人员快速准确获取数据的基础。常用的数据采集工具有以下几种。

1. 生意参谋

生意参谋是淘宝网官方提供的综合性网店数据分析平台,为淘宝/天猫卖家提供流量、商品、交易等网店经营全链条的数据展示、分析、解读、预测等功能,生意参谋不仅是店铺和市场数据的重要来源渠道,而且是淘宝/天猫平台卖家的重要数据采集工具。通过生意参谋,数据采集人员不仅可以采集自己店铺的各项运营数据(流量、交易、服务、产品等),而且可以通过市场行情板块获取淘宝/天猫平台的行业销售经营数据,如图 3-2 所示。

2. 店侦探

店侦探是一款专门为淘宝及天猫卖家提供数据采集、数据分析的数据工具,如图 3-3 所示。通过对各个店铺、商品运营数据的采集分析,可以快速掌握竞争对手店铺的销售数据、引流途径、广告投放、活动推广、买家购买行为等数据信息。

3. 淘数据

淘数据是一款针对国内和跨境电子商务提供数据采集和分析的工具,为卖家提供行业和店铺的各项数据,如图 3-4 所示。

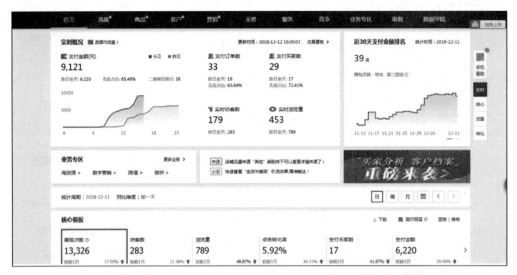

图 3-2 生意参谋首页

图 3-3 店侦探

4. 京东商智

京东商智是京东向第三方商家提供数据服务的产品。从 PC、App、微信、手机 QQ、移动网端等五大渠道,提供店铺与行业的流量、销量、客户、商品等数据。

5. 八爪鱼采集器

八爪鱼是一款网页数据采集器,使用简单,可进行完全的可视化操作;功能强大,任何网站均可采集,数据可导出为多种格式。它可以用来采集商品的价格、销量、描述等数据内容,如图 3-5 所示。

6. 火车采集器

火车采集器是一个供各大主流文章系统、论坛系统等使用的多线程内容采集发布程序,如图 3-6 所示。其应用于数据采集领域有两个功能:一是采集数据,二是发布数据。借助火车采集器,可以根据采集需求,在目标数据源网站采集相应数据,并整理成表格或文本(txt)导出。

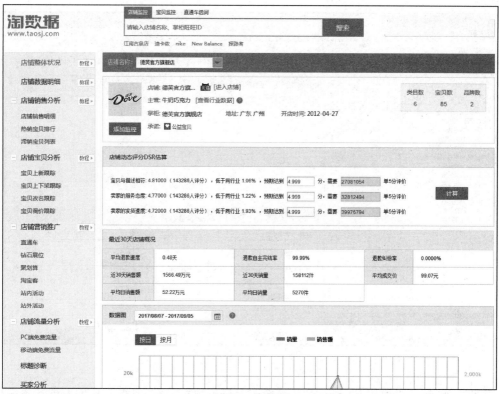

图 3-4　淘数据

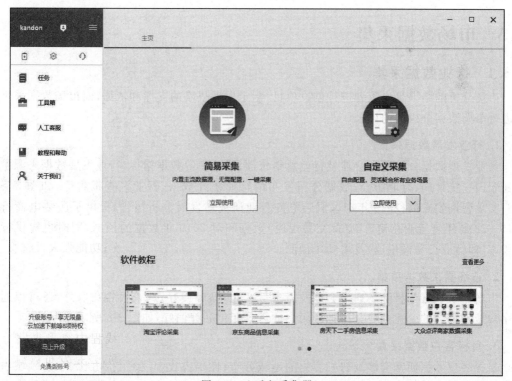

图 3-5　八爪鱼采集器

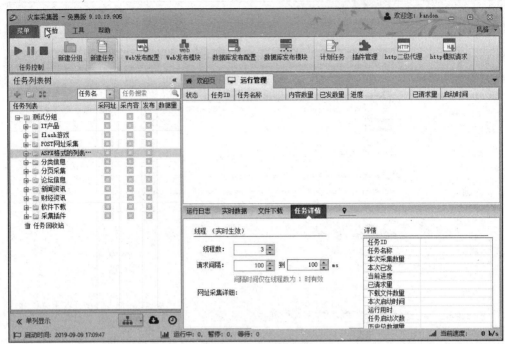

图 3-6 火车采集器

除此之外,还可以使用 Python、R 语言等工具进行数据采集,但需要采集人员具备编程基础,使用难度较大。

3.3 市场数据采集

3.3.1 行业数据采集

市场分析的结果是决策者进行创投项目、制定发展战略的支撑和依据,而市场数据采集则是进行市场数据分析的前提。

1. 行业发展数据采集

行业发展数据分析通常会涉及行业总销售额、增长率等数据指标,行业发展数据来源主要依托于国家统计局、行业协会、数据公司发布的行业统计数据、行业调查报告等,如图 3-7 所示。艾瑞咨询发布的《2019 年中国服装电商行业研究与发展分析报告》提供了服装电商行业 2015—2018 年度行业总销售额(即交易规模)数据和对 2019 年数据的预测,同时也提供行业增长率(即行业交易额增速)及增长率预测。

2. 市场需求数据采集

市场需求数据分析除了通常会涉及需求量变化、品牌偏好、调查报告获取外,还可以通过对用户搜索指数的变化趋势分析把握用户的需求变化品牌偏好,如图 3-8 所示。

3. 目标客户数据采集

目标客户数据通常会涉及目标客户的地域分布、性别占比、年龄结构占比、职业领域占比等数据指标,可以借助行业调查报告、指数工具等对整个行业的目标客户数据进行采集。在第三方电子商务平台开店的卖家,还可以通过平台提供的数据工具进行平台中行业目标客户数

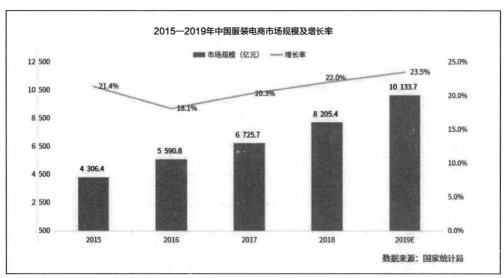

图 3-7 中国服装电商行业研究与发展分析报告

图 3-8 手机品牌用户偏好的百度搜索指数

据的采集。以在淘宝/天猫开店为例,可以通过平台提供的生意参谋工具,在"行业客群"板块采集目标用户的性别、年龄、地域分布、职业特征等数据,如图3-9和图3-10所示。

3.3.2 竞争数据采集

竞争数据是对在电子商务业务中彼此存在竞争关系的商家、品牌、产品(即竞争对手)等各项运营数据的总称。在电子商务企业的经营过程中,对竞争对手进行分析可以帮助决策者和管理层了解竞争对手的发展势头,为企业战略制定和调整提供数据支持。

1. 竞争数据采集内容

进行竞争数据采集时,通常需要采集竞争对手店铺的商品结构、商品构成、畅销商品、商品销量、交易额、销售价格、客单价、活动信息、活动内容、活动周期、商品评价、服务政策、店铺流量、推广渠道、搜索排名等数据。通过对以上竞争数据变化和规律的分析,运营者可以从中发现竞争对手的运维习惯、销售策略,从而制定更有针对性的营销方案、运营策略。

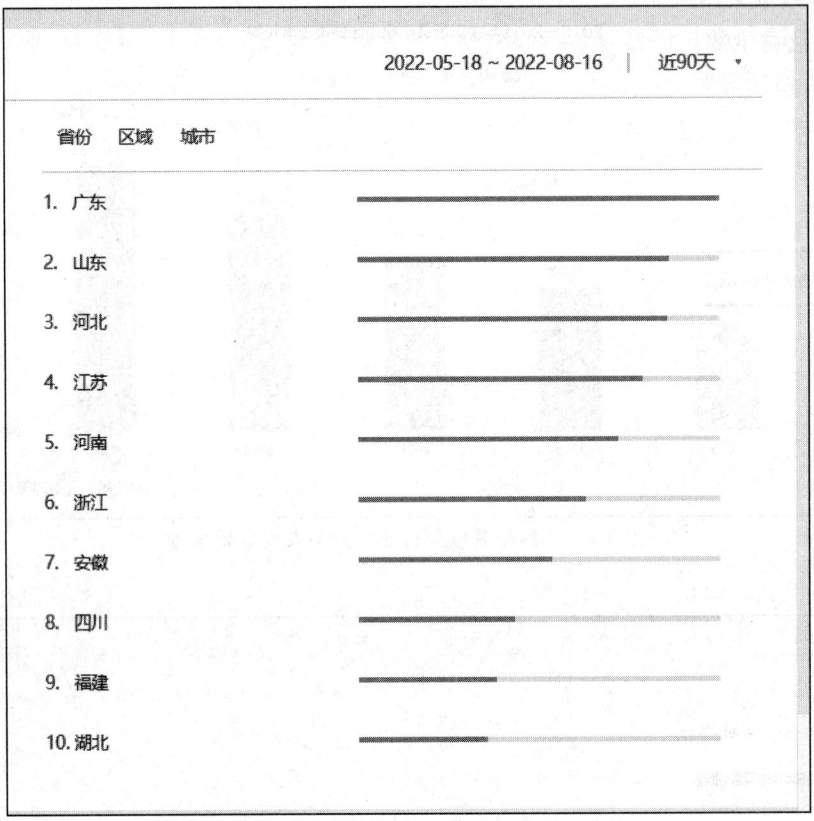

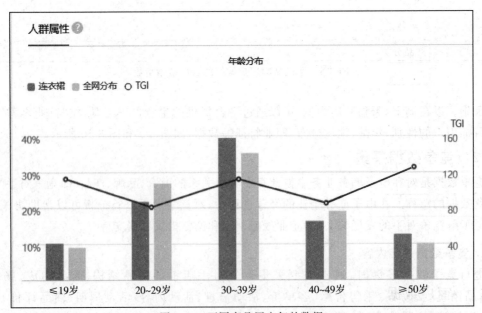

图 3-9 各省份不同商品关键词点击数据

图 3-10 不同商品用户年龄数据

2. 竞争数据采集方法

虽然进行竞争数据采集可以借助一些工具(如采集淘宝、天猫平台的竞争对手数据可以采用升业绩、店侦探等数据采集工具),但平台规则的不断变化和限制,经常会遇到历史数据无法采集或采集异常的情况,如图 3-11 所示。竞争对手策划的营销活动内容,通常无法使用数据采集工具来采集数据。因此,最有效的方法就是对竞争对手进行数据监控,制作竞争对手数据采集表,如表 3-3 所示。

图 3-11　数据采集工具采集失效

表 3-3　竞争对手采集表

竞争对手数据采集表										
序号	店铺链接	产品分类	店铺类别	热销产品链接	累计评价	成交量	售价	评价关键词	促销方式	备注

3.4　运营数据采集

3.4.1　客户数据采集

客户数据采集是根据企业各部门对于客户数据的需求,通过可靠的数据源,采用合适的采集方式,获得客户的操作、行为、属性等数据信息,为后续的客户数据分析提供数据支持。

1. 客户数据采集指标

与客户相关的数据指标多种多样，常用于分析的数据指标大致可分为客户行为数据和客户画像数据两大类。

（1）客户行为数据。客户行为数据通常指客户的商品消费记录下的数据，如购买商品名称、购买数量、购买次数、购买时间、支付金额、评价、浏览量、收藏量等。

（2）客户画像数据。客户画像数据指与客户购买行为相关的，能够反映或影响客户行为的相关信息数据，如客户的性别、年龄、地址、品牌偏好、购物时间偏好、位置偏好、商品评价偏好等。

2. 客户数据采集渠道

如果是电子商务独立站点，用户的客户画像数据采集可以通过调用客户在网站注册资料中填写的相应信息内容来实现，而客户的行为数据则可以采用百度统计、友盟等工具实现。

对于入驻第三方平台的卖家，以淘宝网为例，可在生意参谋"品类"栏目下"品类360"的板块数据中查看商品的浏览量、加购人数、加购件数等客户行为数据，如图3-12所示。滑动指标还可以看到商品收藏量、支付买家数等其他客户行为数据。

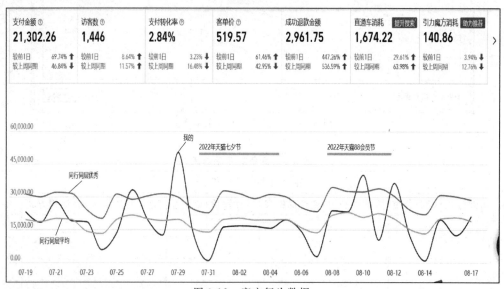

图 3-12　客户行为数据

在生意参谋"品类360"的板块数据中还可以查看客户画像数据，包括搜索人群画像、店铺访问人群画像、店铺支付人群画像，涵盖数据指标包括新老客户、年龄、性别、偏好等，如图3-13所示。

另外，行业客户画像数据采集，还可以通过指数类工具搜索行业相关关键词进行采集，如图3-14所示。

3. 数据采集表制作

确定了数据采集指标及采集渠道，接下来就需要制作数据采集表，采集人员应该根据之前确定的采集指标建立客户信息采集表格，如表3-4所示。

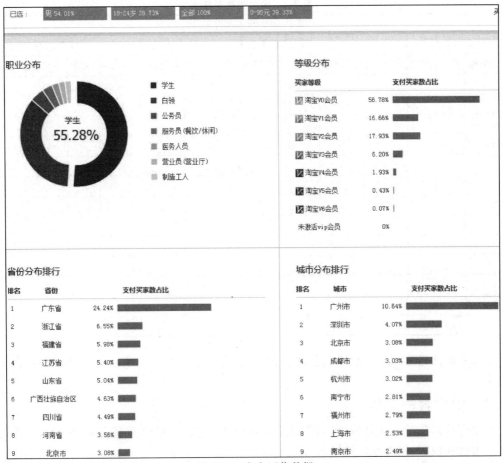

图 3-13 客户画像数据

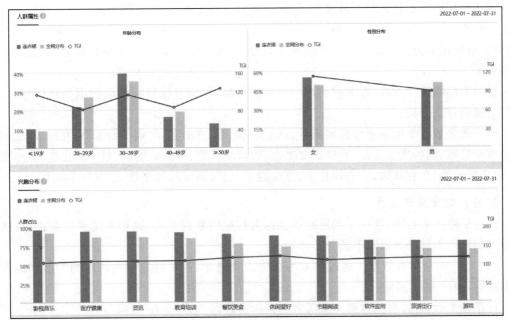

图 3-14 行业搜索人群画像

表 3-4 客户信息采集表

网店销售数据采集表													
客户基本信息				购买行为信息						联系信息			
ID	昵称	姓名	地区	产品	类型	数量	价格	下单时间	支付金额	收货地址	QQ	微信	手机号	邮箱

信息采集的过程就是将电子商务网站、网店后台的相应数据下载或摘录整理到数据采集表格中。

3.4.2 推广数据采集

对推广数据进行有效分析,可以帮助企业找到网店推广中的优势与不足,从而优化调整相关推广策略和内容,提升推广效果。

1. 推广数据采集指标

网店推广的核心目标是商品销售,但推广的方式却千差万别,不同的推广方式往往有不同的推广侧重点。例如,对于淘宝网店,通过直通车、淘宝客等形式进行推广,侧重点是产品销售;而免费试用等更多的是为了提升品牌影响力,增强客户对于产品、品牌的认可度,进而提升商品销量。

针对不同的推广方式,需要明确推广的直接目标,围绕直接目标确定数据采集指标,进而进行后续的数据分析。

推广效果数据指标通常包括展现量、点击量、花费、点击率、平均点击花费、直接成交金额、直接成交笔数、间接成交金额、间接成交笔数、收藏宝贝数、收藏店铺数、投入产出比、总成交金额、总成交笔数、总收藏数、点击转化率、直接购物车数、间接购物车数、总购物车数等。

2. 推广数据采集渠道

在电子商务平台中,推广工具通常都会提供相应的数据报表,需要采集推广数据,可通过所使用的推广工具进行报表下载并整理摘录。

(1) 推广渠道自有数据。通过淘宝后台进入直通车,首页将显示直通车当天推广的重要数据指标,如图 3-15 所示。

在报表页面,可以根据数据采集需求查询所需数据,如图 3-16 所示。

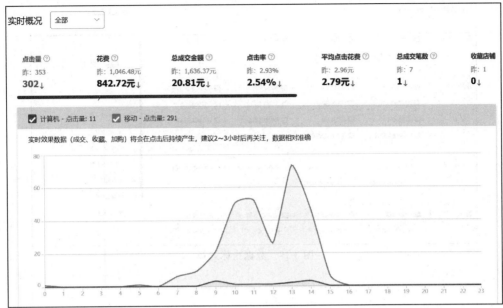

图 3-15 直通车实时数据汇总

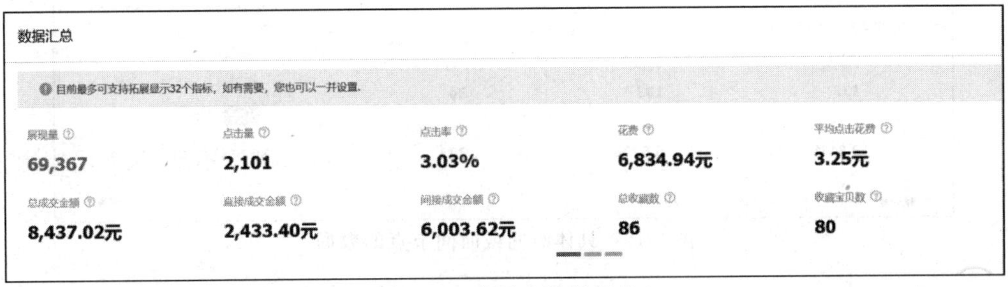

图 3-16 直通车数据报表

单击右上角的"更多指标",可以选择所需指标,如图 3-17 所示。单击右上角的日期,可以选择具体日期及时间段数据,如图 3-18 所示,选择了一个特定时间段的数据。

(2)第三方监控数据。电子商务独立站点通过使用邮件营销、SEO 等方式进行推广,推广渠道本身能够提供的数据指标较少。例如,进行邮件营销,多数情况下只能采集邮件的发送量,而对于邮件的链接点击率、转化率等都无法直接采集,这就需要借助第三方网站流量统计工具,如友盟、百度统计等工具。根据流量来源渠道采集流量相关的数据,在第三方统计工具中通过筛选各类邮箱地址来源的数据,即可采集邮件营销的访客量,在邮件发送时设置"邮件打开提醒"可以采集展现数据,再通过访客的详细访问路径,查看是否有在支付成功页面停留的记录,以便采集访客的购买数据。对以上几个核心数据的采集和简单计算即可获取邮件营销展现、点击和转化的相关推广数据。流量来源域名数据如图 3-19 所示。

3.4.3 销售数据采集

在网店运营过程中,会产生大量的销售数据,需要企业根据前期的销售数据和市场变化来制定销售目标、调整销售策略。

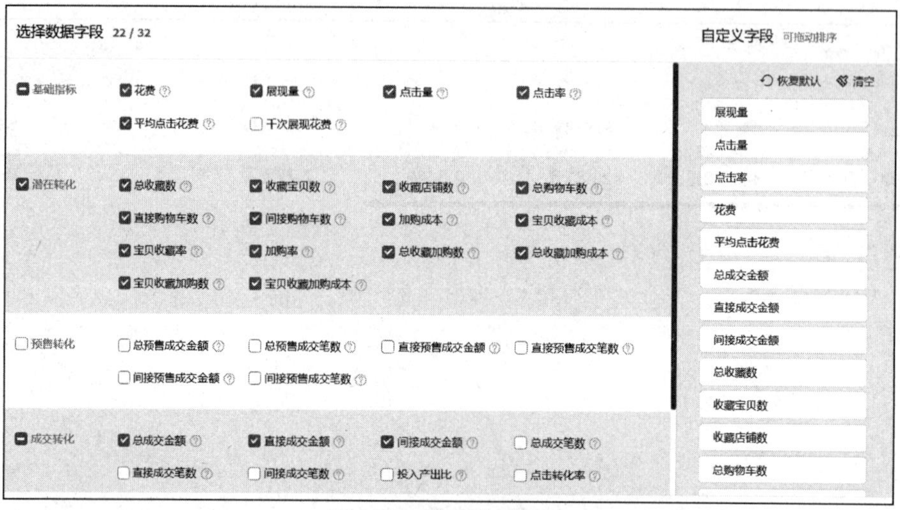

图 3-17 数据指标选择

图 3-18 具体时间或时间节点的数据

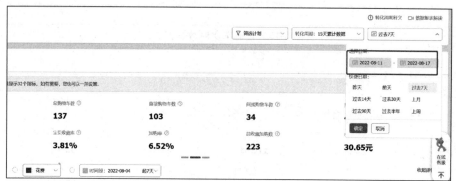

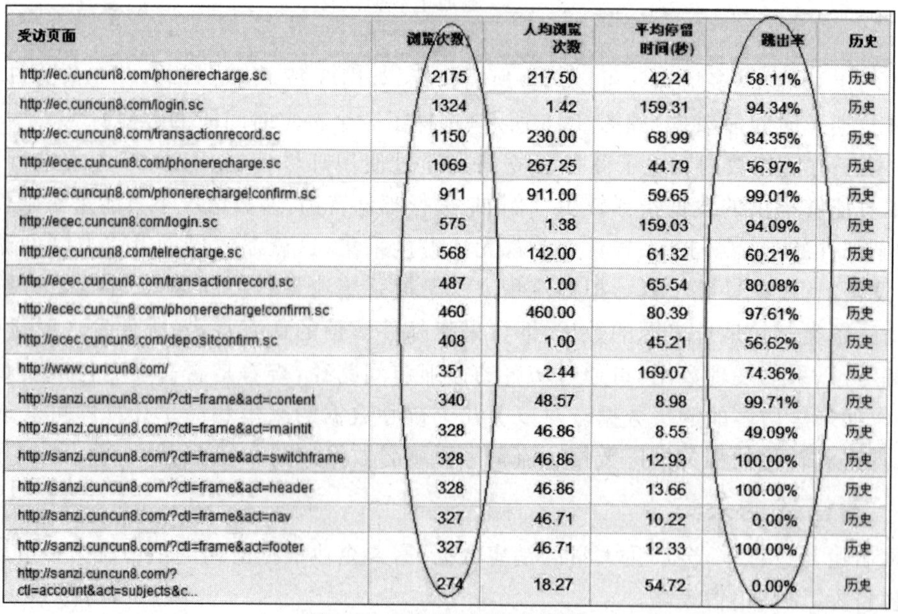

受访页面	浏览次数	人均浏览次数	平均停留时间(秒)	跳出率	历史
http://ec.cuncun8.com/phonerecharge.sc	2175	217.50	42.24	58.11%	历史
http://ec.cuncun8.com/login.sc	1324	1.42	159.31	94.34%	历史
http://ec.cuncun8.com/transactionrecord.sc	1150	230.00	68.99	84.35%	历史
http://ecec.cuncun8.com/phonerecharge.sc	1069	267.25	44.79	56.97%	历史
http://ec.cuncun8.com/phonerecharge!confirm.sc	911	911.00	59.65	99.01%	历史
http://ecec.cuncun8.com/login.sc	575	1.38	159.03	94.09%	历史
http://ec.cuncun8.com/telrecharge.sc	568	142.00	61.32	60.21%	历史
http://ecec.cuncun8.com/transactionrecord.sc	487	1.00	65.54	80.08%	历史
http://ecec.cuncun8.com/phonerecharge!confirm.sc	460	460.00	80.39	97.61%	历史
http://ecec.cuncun8.com/depositconfirm.sc	408	1.00	45.21	56.62%	历史
http://www.cuncun8.com/	351	2.44	169.07	74.36%	历史
http://sanzi.cuncun8.com/?ctl=frame&act=content	340	48.57	8.98	99.71%	历史
http://sanzi.cuncun8.com/?ctl=frame&act=maintit	328	46.86	8.55	49.09%	历史
http://sanzi.cuncun8.com/?ctl=frame&act=switchframe	328	46.86	12.93	100.00%	历史
http://sanzi.cuncun8.com/?ctl=frame&act=header	328	46.86	13.66	100.00%	历史
http://sanzi.cuncun8.com/?ctl=frame&act=nav	327	46.71	10.22	0.00%	历史
http://sanzi.cuncun8.com/?ctl=frame&act=footer	327	46.71	12.33	100.00%	历史
http://sanzi.cuncun8.com/?ctl=account&act=subjects&c...	274	18.27	54.72	0.00%	历史

图 3-19 流量来源域名数据

1. 销售数据采集指标

网店销售数据分析的核心指标分别是订单量、销售额、成交量等交易数据和响应时长、咨询客户数、询单转化率等服务数据。

2. 销售数据采集实施

(1) 交易数据采集。根据交易数据采集需求及所分析出的指标制作网店销售数据采集表,如表3-5所示。

表3-5 网店销售数据采集表

网店销售数据采集表														
订单日期	订单号	商品名称	商品规格	价格	数量	折扣率	实际支付	交易状态	买家ID	收件人	联系电话	收货地址	快递公司	备注

在网店后台交易管理板块,可以查看网店的销售数据。很多电子商务平台都提供了数据工具与交易订单的下载功能,数据采集人员可在"交易管理"板块将所需的订单信息进行下载或摘录。

以淘宝网店为例,进入网店后台单击"订单管理"中的"已卖出的宝贝",即可查看网店的订单数据,如图3-20所示。数据采集人员可以通过筛选功能筛选出所需订单,如"等待买家付款"订单,或者具体某个时间段的订单信息。

(2) 服务数据采集。销售服务数据主要围绕客服岗位展开,其中响应时长数据需要使用具备统计功能的平台在线咨询工具,而咨询人数和咨询转化等数据也可以通过前文所述的客服工作人员每日、每周的工作报表进行采集。以生意参谋为例,在"服务"板块接待响应、客服销售等项目可进行响应时长、接待咨询人数、咨询转化率等数据的采集,如图3-21所示。

3.4.4 供应链数据采集

供应链指围绕核心企业,从配套零件开始,制成中间产品和最终产品,最后由销售网络把产品送到消费者手中的生产、交易全链条。供应链管理的经营理念是从消费者角度出发,通过企业间的协作,谋求供应链参与者的利益最大化。

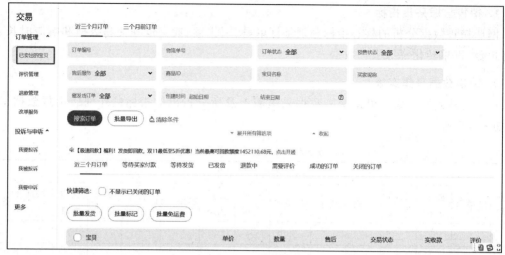

图 3-20　已卖出的宝贝

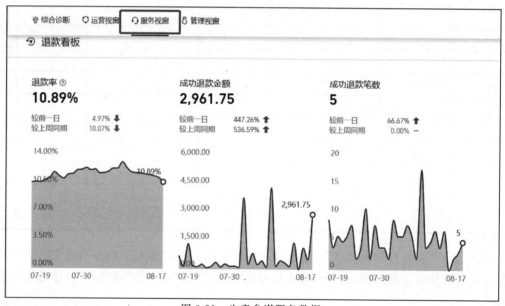

图 3-21　生意参谋服务数据

通过对供应链数据分析的管理，可以大大增强企业开展业务的能力，优化提高网店的客户服务满意度，降低运营成本，增加店铺利润空间。

根据电子商务企业从商品生产到提供给消费者的不同环节，可将供应链数据分为三大类：采购数据、库存数据和物流数据。

1. 采购数据采集

网店商品采购人员作为消费者的采购代理，不仅要知道如何以最低价格、最优惠的条件采购到所需的商品，而且必须具备销售数据分析和消费者分析能力，从而洞悉目标客户的消费特性，进而提升采购效率和消费者满意度。

同时，采购人员也是网店经营者中的一员，采购到有合理利润空间、损耗率低、风险低的产品才能够保证企业在经营过程中持续获利。

因此,在进行采购数据分析过程中,有几项关键数据必不可少,包括产品供应商、产品名称、产品规格、采购数量、采购单价、产品生产周期、产品周期内供货量等。同时还需要采集商品在运输配送期间的坏损率及在销售过程中的退换货率等指标。

可接受的采购数量、供货量、供货周期等是网店与供货商合作的必要条件,较低的坏损率、退换货率及优秀的产品供应商是产品品质的保证。确定产品类型后,采购人员需要对能够生产产品的企业进行综合对比,从而选择出符合自身网店需求的供货商进行合作。

根据以上分析,数据采集人员确定了数据采集指标后,可以制作出如表3-6所示的产品采购数据采集表。

表3-6 产品采购数据采集表

序号	产品供应商	产品名称	产品规格	采购数量	产品进货价	产品市场价	产品生产周期	周期内供货量	坏损率	退换货率

数据采集目标确定后,就需要根据相应的数据指标进行数据采集。其中产品供应商、产品名称、产品规格、采购数量、采购单、产品生产周期、周期内供货量等数据指标需要通过网络信息、电话沟通、实际企业走访等方式进行采集。采购过程中实际的采购数量、采购单价等数据可以通过查阅商品采购合同、财务或采购部门的采购记录进行采集。商品损坏率需要对商品的仓储数据进行统计分析获取。退换货率则需要对一段时间内产品销售过程中的退换货数据进行采集并计算得出。

如果企业使用了ERP软件,可以直接从ERP软件中获取所需数据,如表3-7所示。

表3-7 ERP软件数据

序号	产品编码	规格	单位	数量	单价	金额	备注
1	001B0-54A	30×30	个	100	51.00	5100.00	
2	001B9-47Y	30×30	个	9	51.00	459.00	
3	001B8-25Y	30×30	个	1	51.00	51.00	
4	001B8-76Y	30×30	个	5	51.00	255.00	

2. 库存数据采集

分析库存数据可以帮助网店在经营过程中合理制定营销和销售策略,也可以提升仓库的使用率。例如,某款商品一段时间内销量持续下降,而库存量又较高,通过对该商品仓储数据的分析就可以建议决策者针对该商品进行产品分析并做出合理决策。

通常,进行库存数据采集需要采集产品库存量、发货量、库存周转率、残次库存比等数据。采集这些数据可以通过对商品出入库数据进行监控来获取。通常仓储部门每月会有相关的数据报表,如表3-8所示,数据采集人员对相应的报表数据进行摘录即可。

表 3-8　月度库存统计表

_____月商品库存统计表

品名	规格	单位	月初库存量	月末库存量	残次品量	库存周转率	目标值

3. 物流数据采集

物流是电子商务的重要环节,在交易过程中扮演着将商品送达买家手中的重要角色。物流服务的优劣关系到用户对于品牌、产品、卖家的印象。对物流数据进行分析,选择更优质的物流合作伙伴是卖家提升自身形象,更好地服务买家的有效手段。

在物流数据中,物流时效、物流异常量、物流服务满意度等是采集的重点。物流时效、物流异常量通常需要售后客服人员对客户反馈的异常数据进行记录获取,或通过对订单物流信息进行监控获取。

3.5　产品数据采集

3.5.1　产品行业数据采集

采集产品行业数据的核心目的是了解该产品的市场需求变化情况,常用到的数据采集指标包括产品搜索指数和产品交易指数两项。

1. 产品搜索指数采集

产品搜索指数是用户在搜索相关产品关键词热度的数据化体现,从侧面反映用户对产品的关注度和兴趣度。

以百度指数为例,百度指数是以海量网民的行为数据为基础的数据分享平台。通过某个关键词一段时间内搜索指数的涨跌态势可以解读相关产品客户关注程度的变化,同时还可以分析关注这些关键词的客户群特征,帮助卖家优化营销方案,如图 3-22 所示,为百度指数中近 30 天内关注关键词"连衣裙"的用户年龄分布和性别分布情况。

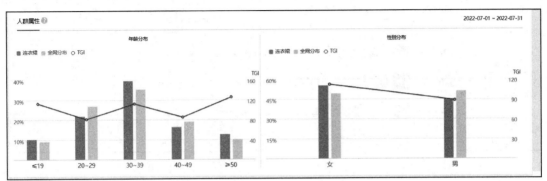

图 3-22 百度指数

通过百度指数搜索产品关键词,即可查看相应产品关键词在该平台的搜索指数数据,如图 3-23 所示。数据采集人员通过选择时间段、地域等指标采集相应时间段和地域的产品搜索指数。

图 3-23 产品关键词百度搜索指数

数据采集人员在产品搜索指数采集的过程中一般需要使用多组关键词进行数据查询和采集,以提高数据的精准度。此外,通过同一产品不同关键词的搜索指数趋势的变化分析出用户对于产品需求和喜好的变化。常用的搜索指数工具除百度指数外,还有 360 趋势、搜狗指数工具等,使用多个工具进行数据分析可以更精准地了解用户需求。

2. 产品交易指数采集

产品交易指数是产品在平台交易热度的体现，是衡量店铺、产品受欢迎程度的一个重要指标，即交易指数越高，该产品越受消费者欢迎。以淘宝平台为例，可以在生意参谋市场板块"市场排行"中分别查看商品交易指数和店铺交易指数，如图3-24和图3-25所示。

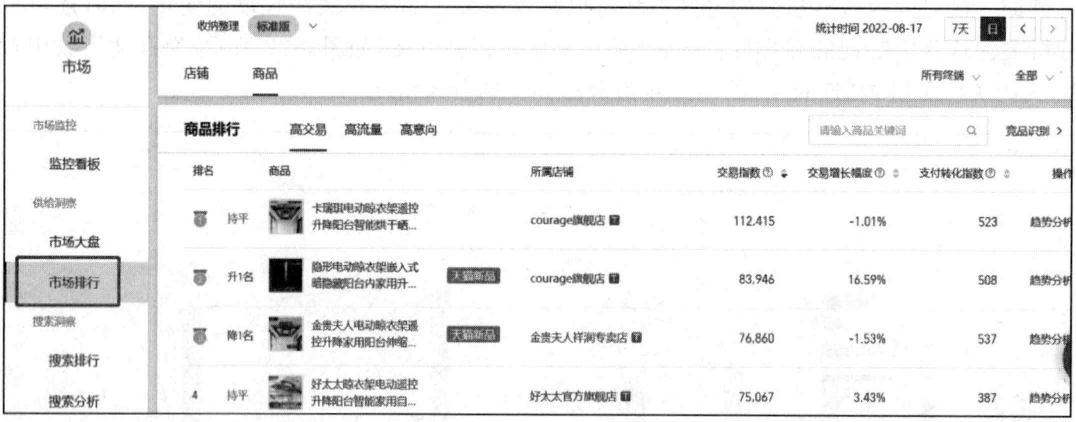

图 3-24　商品交易指数

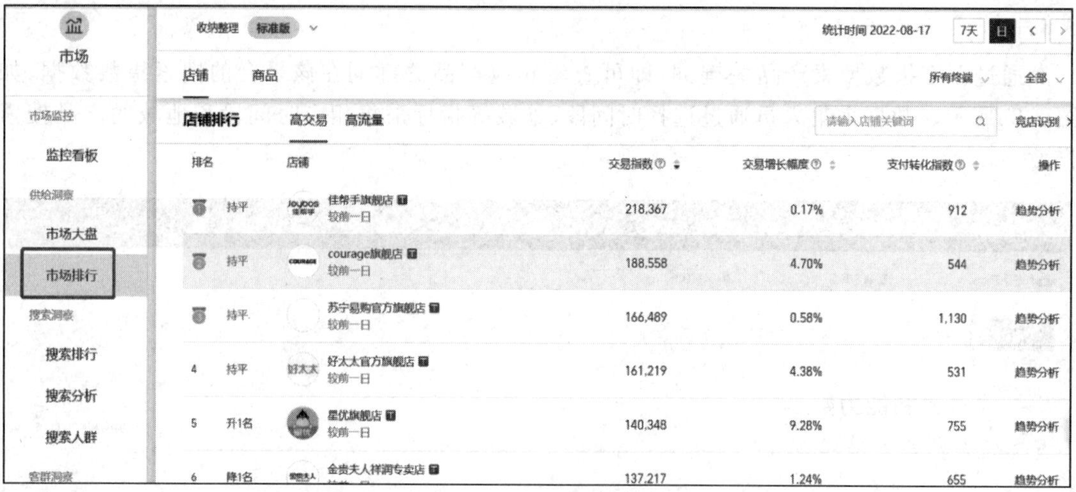

图 3-25　店铺交易指数

3.5.2　产品能力数据采集

1. 产品获客能力数据采集

产品获客能力是对产品为店铺或平台获取新客户的能力的衡量，主要指标包括客户关注量、收藏量、客户注册量、新客户点击量和重复购买率等。

该类型的数据一般通过站点后台或第三方工具获得。通常情况下，站点后台或第三方工具会在运营过程中持续对访客的浏览路径进行跟踪，对产品关注、网站收藏、网站注册等重点行为进行记录，进而生成相应的数据报表，并提供文本或Excel表格导出。

以淘宝网店某推广产品所带来的店铺收藏量为例，进入推广平台后台，获取产品推广数据报表，如图3-26所示，指标选择产品带来的店铺收藏数，如图3-27所示，即可获取该数据。

1	计划id	计划名称	推广类型	单元id	单元名称	商品id	创意id	创意名称	展现量	点击量	花费	点击率	平均点击花费	千次展现花费	总收藏数	宝贝收藏数	店铺
2	140894939	空青 圆肚	智能计划	2587163524	kuyin骨瓷	5.88474E+11	2617598582	kuyin骨瓷	130	2	1.93	1.5385	0.97	14.85	0	0	
3	73023621	水洗包	标准计划	3524462790	帆布包定制	6.38083E+11	4755973054	定制帆布包	1639	46	156.28	2.8066	3.4	95.35	0	0	
4	73023621	水洗包	标准计划	3524462790	帆布包定制	6.38083E+11	4819116835	十年工厂企	83	2	5.42	2.4096	2.71	65.3			
5	73023621	水洗包	标准计划	3524462790	帆布包定制	6.38083E+11	4786738301	企业定制帆	603	8	34.19	1.3267	4.27	56.7			
6	73023621	水洗包	标准计划	3524462790	帆布包定制	6.38083E+11	4817064172	十年工厂	65	1	4.25	1.5385	4.25	65.38			
7	73023621	水洗包	标准计划	3524462790	帆布包定制	6.38083E+11	4755877331	免费一对一	1040	31	99.86	2.9808	3.22	96.02	1	1	
8	73023621	水洗包	标准计划	3524462790	帆布包定制	6.38083E+11	4819108707	免费设计	4	0	0						
9	58528640	巴利包新建	标准计划	3652787799	加厚帆布装	6.65915E+11	4817245577	出院留恋帆	76	2	5.84	2.6316	2.92	76.84			
10	58528640	巴利包新建	标准计划	3652787799	加厚帆布装	6.65915E+11	4813842790	工厂直发	114	2	5.97	1.7544	2.99	52.37			
11	58528640	巴利包新建	标准计划	3652787799	加厚帆布装	6.65915E+11	4811930367	绿码帆布包	437	20	45.76	4.5767	2.29	104.71	1	1	
12	120598544	空青 2021	标准计划	2387444555	kuyin马克	6.03549E+11	4743128365	kuyin马克	528	16	50.68	3.0303	3.17	95.98	1	1	

图 3-26　产品推广数据报表

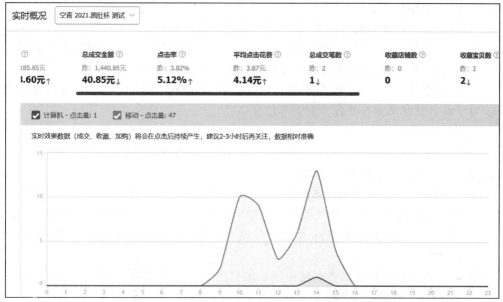

图 3-27　产品带来的店铺收藏数

2. 产品盈利能力数据采集

产品盈利能力是对产品为店铺销售或利润贡献能力的衡量，主要指标包括客单价、毛利率、成本费用利润率等。该类型的数据一般无法直接获取，需要通过公式计算。根据数据采集的步骤，产品盈利能力数据的采集具体分为以下三步。

（1）分析拆解数据采集指标。客单价、毛利率等是产品盈利能力的衡量指标，要得到这些数据，首先需要明确其计算公式，进而得到具体的数据采集指标。

① 客单价，指每位成交客户的平均购买金额，其计算公式如下所示。

$$客单价=\frac{商品销售额}{客户数}$$

通过公式可以确定需要采集的指标有商品销售额和成交客户数。

② 毛利率，指商品毛利润占销售额的百分比，其计算公式如下所示。

$$毛利率=\frac{销售收入-销售成本}{销售收入}\times 100\%$$

通过公式可以确定需要采集的指标包括商品销售收入、商品采购价格、商品物流费用、商品包装费用等数据。

(2) 确定数据采集渠道。根据对收集到的采集指标分析可得：一方面,指标数据产生于产品运营过程,通过站点后台追踪记录或借助第三方采集工具即可获取,如销售额、销售量及订单数等；另一方面,指标数据来源于企业的 ERP 软件、进价表、损益表等,通过下载导出或摘录即可获取,如采购成本、推广费用、物流费用等。

(3) 数据采集。通过不同渠道完成指标数据的采集、清洗后,根据公式计算出结果,得到客单价、毛利率、成本费用利润率等数据,完成产品盈利能力数据的采集。

思考题

(一) 单项选择题

1. 一般通过政府部门、机构协会、媒体这些渠道进行采集的是(　　)。
   A. 行业数据　　　　B. 市场数据　　　　C. 运营数据　　　　D. 人群数据
2. 以下哪项属于电子商务平台自身提供的数据分析工具(　　)。
   A. 百度指数　　　　B. 生意参谋　　　　C. 店侦探　　　　D. 逐鹿工具箱
3. 电子商务数据采集与处理方案中不包含(　　)。
   A. 背景介绍　　　　　　　　　　　　　B. 分析目标
   C. 数据来源渠道　　　　　　　　　　　D. 数据指标数据内容
4. 以下行为中属于不合法行为的是(　　)。
   A. 某网店使用生意参谋市场行情功能分析目标用户群体,并对其进行广告投放
   B. 某网店工作人员根据相关关键词的搜索指数变化预测行业未来发展趋势
   C. 某公司通过在其电商 App 中设置隐藏功能在用户不知情的情况下获取用户画像数据
   D. 某公司通过其电子商务网站中用户填写的收货地址信息判断用户的所在地,并进行用户区域分布分析
5. 在生意参谋"品类 360"版块采集不到的数据是(　　)。
   A. 物流相关数据　　　　　　　　　　　B. 搜索人群画像数据
   C. 店铺访问人群数据　　　　　　　　　D. 商品的浏览量数据

(二) 多项选择题

1. 店铺运营类数据采集表类型多样,最常见的就是店铺运营日报表,包含的数据指标通常有(　　)等。
   A. 流量类　　　　B. 订单数　　　　C. 转化类　　　　D. 交易类
2. 数据采集工具选择过程中需要注意(　　)。
   A. 适用范围　　　　B. 数据类型　　　　C. 功能需求　　　　D. 技术实力
3. 一独立商城想要获取某细分行业市场发展趋势,其可以采用的数据渠道有(　　)。
   A. 某权威数据公司最新发布的含有该行业市场趋势的行业分析报告
   B. 电视台新闻报道的该行业所属重点商品年度消费数据
   C. 百度指数相关关键词搜索指数
   D. 生意参谋中该行业的市场交易指数
4. 采集某独立商城上行业竞争对手商品的销售价格,可使用(　　)数据采集工具。
   A. 百度指数　　　　B. 八爪鱼　　　　C. 店侦探　　　　D. 火车采集器

（三）判断题

1. 市场数据包括行业数据和竞争数据两个部分。（ ）
2. 电子商务数据采集渠道包含权威网站、数据机构、个人网站。（ ）
3. 百度指数属于行业趋势及人群数据分析工具。（ ）
4. 数据采集工具中,选择时需要注意工具的适用范围。（ ）
5. 数据采集与处理方案可以不包含背景介绍。（ ）

项目 4

常用的分析方法

【项目简介】

初级的数据分析是利用数据的描述性分析初步了解数据的基础特性。在对数据进行描述性分析的时候,首先要对数据进行描述性统计分析,分析对象数据的集中程度、离散程度等信息,以发现其内在的规律,为进行下一步数据分析提供有效的推断依据。

【知识培养目标】

(1) 熟悉描述性统计计量的类型和含义。

(2) 熟悉图表趋势预测法和时间序列预测法。

(3) 熟悉对比分析的概念和方法。

(4) 了解频数分析法、分组分析法、结构分析法、平均分析法、交叉分析法和漏斗分析法。

【能力培养目标】

(1) 能够利用 Excel 进行数据描述性统计分析。

(2) 能够利用图表趋势预测法和时间序列预测法对电子商务日常运营数据进行分析。

(3) 能够使用同比分析法和环比分析法对本期和同期、本期和上期的数据进行分析。

(4) 能够运用频数分析法、分组分析法、结构分析法、平均分析法、交叉分析法和漏斗分析法对电子商务数据进行分析。

【思政培养目标】

课程思政及素养培养目标如表 4-1 所示。

表 4-1 课程内容与课程思政培养目标关联表

知识点	知识点诠释	思 政 元 素	培养目标及实现方法
趋势预测法	根据事业发展的连续性原理,应用数理统计方法将过去的历史资料按时间顺序排列,然后运用一定的数字模型来预计、推测计划期产(销)量或产(销)额的一种预测方法	事物的发展都有一定的规律,只要掌握好规律,根据规律发展,总能预测大概的方向。人类也一样,要遵循发展的规律,讲规矩	培养学生具有用法律、用制度、用社会行为规范约束自己的自觉性
对比分析法	通过实际数与基数的对比来提示实际数与基数之间的差异,借以了解经济活动的成绩和问题的一种分析方法	有对比就有差异,了解差异之处,找到自己的不足之处,才能快速进步。为人处世也是一样,要通过竞争树立自信心	培养学生具有竞争意识

续表

知识点	知识点诠释	思政元素	培养目标及实现方法
漏斗分析法	漏斗分析指通过漏斗图等方式展示某个特定流程中事件的变化情况,主要用于统计和计算转化率等关键数据,供数据和业务人员分析以确认和改善企业的运营和营销策略	电商运营的商业行为需要通过图表展示出来,才能根据趋势做出下一步判断。学生也需要通过展示自我得到外界的认可,从而树立自信心	培养学生自我肯定的决心,树立自信心

【思维导图】

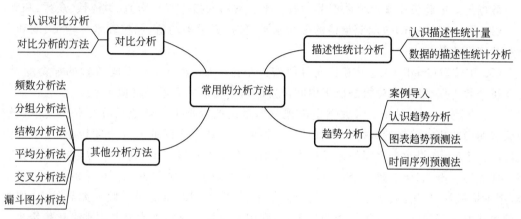

【案例导入】

对数据进行统计描述是统计分析中最基本的工作,对于整理好的数据,通过描述性统计分析,可以挖掘出很多统计量的特征。以贵州某电影院的网上售票处理时长分析为例,有顾客反映其售票处理的速度太慢,为此,电影公司收集了100位顾客购票所花费时间的样本数据,其描述性统计分析结果如表4-2所示。

表4-2 描述性统计分析结果 单位:分钟

统计量名称	数值	统计量名称	数值
平均值	3.114	偏度	1.078633614
标准误差	0.207841334	区域	10.5
中位数	2.65	最小值	0.2
众数	1.6	最大值	10.7
标准差	2.078413342	求和	311.4
方差	4.31980202	观测数	100
峰度	1.091878903	置信度(95.0%)	0.412402299

电影公司基于以上数据样本,分析得出结论:为一位顾客处理一次售票业务所需的时间设置在5分钟之内是合理的。

结合案例,思考并回答以下问题。

(1) 表4-2中的数据是否支持电影公司"为一位顾客处理一次售票业务所需的时间设置在5分钟以内是合理的"这一说法?

(2) 使用哪个平均指标来分析上述问题比较合理？为什么？

4.1 描述性统计分析

4.1.1 认识描述性统计量

描述性统计分析要对数据总体变量的有关数据做统计性描述，常见的描述性统计量主要包括以下三类，综合这三类统计量，就能够准确而清晰地把握数据的分布特点。

1. 描述变量集中趋势的统计量

数据的集中趋势用来反映数据的一般水平。常用的指标有平均值、中位数、众数、和等。

（1）平均值（mean）表示变量值的平均水平，包括算术平均值、加权算术平均值、调和平均值和几何平均值。

（2）中位数（median）是指将各变量值按大小排序后，处于序列中间位置的那个变量值。当变量个数为偶数时，中位数是位于中间位置的两个变量的算术平均值。

（3）众数（mode）是指一组数据中出现频率最高的数据值。众数只有在总体上单位较多而又有明确的集中趋势的数据中才有意义。如果各个数据之间的差异程度较小，用平均值有较好的代表性；如果数据之间的差异较大，特别是有个别的极端值，则用中位数或众数具有较好的代表性。例如，要了解一个企业员工月收入的平均水平，如果各职位员工的收入差别比较小，用平均值就可以代表员工的月平均收入水平；如果不同职位的员工收入差异较大，如收入高的可达数十万元，收入低的仅为两三千元，则用中位数或众数来代表平均水平比较恰当。

（4）和（sum）是指某变量的所有变量值之和。

2. 描述变量离散程度的统计量

数据的离散程度分析主要用来反映数据之间的差异程度，离散程度越大，说明集中程度越差，平均值的代表性越弱；反之，平均值的代表性越强。描述变量离散程度的统计量有标准差、方差、最大值、最小值、极差、均值标准误差等。其中，方差和标准差是测算离散程度最重要、最常用的指标。

（1）标准差（Std. deviation）描述变量关于平均值的偏离程度。

（2）方差（variance）是指标准差的平方，是各个观测值与其平均值离差平方的均值。

（3）最大值（maximum）是指某变量所有取值的最大值。

（4）最小值（minimum）是指某变量所有取值的最小值。

（5）极差（range）又称区域、全距，用 R 表示，是某变量最大值与最小值之差。

（6）均值标准误差（S. E. mean）是指反映抽样误差大小的统计指标，是统计推算的可靠性指标。

3. 描述变量分布情况的统计量

在统计分析中，通常要假设样本的分布属于正态分布，因此需要用偏度和峰度两个指标来检查样本是否符合正态分布。

偏度衡量的是样本分布的偏斜方向和程度；而峰度衡量的是样本分布曲线的尖峰程度。一般情况下，如果样本的偏度接近于 0，而峰度也接近于 0，就可以判断总体的分布接近于正态分布。

（1）偏度（skewness）描述变量分布的对称程度和方向。偏度为 0 表示对称，大于 0 表示右偏,小于 0 表示左偏。

(2)峰度(kurtosis)描述变量分布的陡峭程度。峰度为 0 表示陡峭程度和正态分布相同,大于 0 表示比正态分布陡峭,小于 0 表示比正态分布平缓。

4.1.2 数据的描述性统计分析

基于对描述性统计量的了解,某电商平台在积累了一定的访问数据之后,对访问数据进行描述性统计分析,统计访问量的平均值、区间等数据值,以此作为分析每天访问量价值的参考依据。

在 Excel 中进行数据的描述性统计分析的具体操作步骤如下。

1. 添加"数据分析"加载项

一般情况下,Excel 是没有加载数据分析库的,需要用户自行加载安装。

第 1 步,打开 Excel,单击"文件"选项卡,进入"文件"功能区,单击"选项"按钮,在弹出的 Excel 选项框中单击"加载项"按钮,在加载项对话框里找到"管理"功能区,单击其下拉列表,选择"Excel 加载项"选项,并单击"转到"按钮,即可弹出"加载项"对话框,如图 4-1 所示。

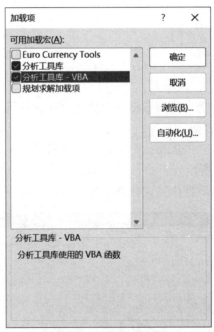

图 4-1 "加载项"对话框

第 2 步,在"加载项"对话框中选中"分析工具库"和"分析工具库-VBA"(分析工具库的编程加载项)复选框,单击"确定"按钮,即可完成"数据分析"加载项的添加,如图 4-2 所示,在 Excel "数据"菜单栏的右上角出现了"数据分析"功能项。

图 4-2 完成数据分析工具添加

2. 利用 Excel 进行描述性统计分析

在对数据进行描述性统计分析的过程中,可对一列或多列数值进行分析,如图 4-3 所示。

图 4-3 案例数据

此案例中仅对"UV(独立访客)"列数据进行描述性统计分析,具体操作步骤如下。

第 1 步,打开"活动访问数据.xlsx"文件,选择"数据"选项卡,单击"数据分析"按钮,在弹出的"数据分析"对话框中选择"描述统计"分析工具,如图 4-4 所示。单击"确定"按钮后,弹出"描述统计"对话框,如图 4-5 所示。

第 2 步,在"描述统计"对话框中完成各类参数的设置,如图 4-5 所示。

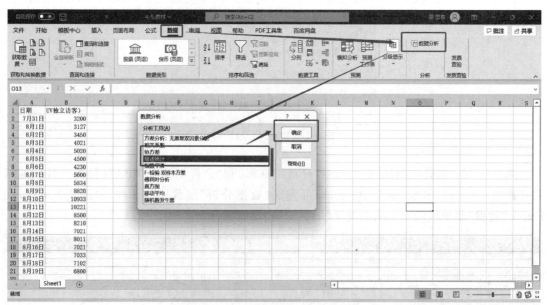

图 4-4 选择"描述统计"分析工具

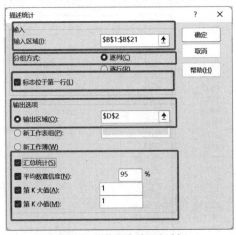

图 4-5 "描述统计"对话框

(1) 输入选项部分的填写要求如下。

① 输入区域。选择需要分析的数据源区域,可选多行或多列,可以采用鼠标进行框选,也可以用键盘进行输入。输入时需要带上绝对引用符号"$",如本例中数据源区域为 \$B\$1：\$B\$21(简写为 B1：B21)。

② 分组方式。选择分组方式,如果需要指出"输入区域"中的数据是按行还是按列分组,则选择"逐行"或"逐列",本例选择"逐列"。

③ 标志位于第一行。若数据源区域第一行含有标志(字段名、变量名),则应选中,否则,Excel 字段将以"列 1、列 2、列 3……"作为列标志,本例选中"标志位于第一行"复选框。

(2) 输出选项部分的填写要求如下。

① 输出区域。可选择当前工作表的某个活动单元格、新工作表组或新工作簿。本例将结果输出至当前工作表的 D2 单元格。

② 汇总统计。包括平均值、标准误差(相对于平均值)、中位数、众数、标准差、方差、峰度、偏度、区域、最小值、最大值、求和、观测数等相关指标。本例选中"汇总统计"复选框。

③ 平均数置信度。置信度也被称为可靠度或置信水平、置信系数,指总体参数值落在样本统计值某一区域内的概率,常用的置信度为 95% 或 90%。本例选中此复选框,并输入"95%",可用来计算在显著性水平为 5% 时的平均数置信度。

④ 第 K 大(小)值。表示输入数据组的第几位最大(小)值。本例选中此复选框。

第 3 步,完成"描述统计"的设置后,单击"确定"按钮,描述统计结果就会在设定的输出区域中展示出来。本例中输出区域选择在本表展示,展示结果如图 4-6 所示。

通过以上的描述性统计分析可以看到平均值、众数、方差、标准差等统计数据,如图 4-6 所示,由数据结果可以得到数值的大体特征。例如,本例的访客数平均值是 6432.7,中位数是 6910.5,众数为 7021,最大值是 10933,最小值是 3127。峰度值＜0 且偏度值＞0,说明数值分布呈平阔峰式正偏态分布。通过以上分析可以了解到该电商平台这一时间段内访问量的大体情况:由于"天猫 88 会员节"的到来,随着平台各种推广活动的开展,访客量在"天猫 88 会员节"前呈增长趋势;随着活动结束,店铺的访客量有所下降,但是整体来看本次活动让店铺访客量的平均水平得到了提高。

电子商务数据分析

	A	B	C	D	E	F	G	H
1	日期	UV（独立访客）						
2	7月31日	3200		UV（独立访客）				
3	8月1日	3127						
4	8月2日	3450		平均值	6432.7			
5	8月3日	4021		标准误差	511.9304697			
6	8月4日	5020		中位数	6910.5			
7	8月5日	4500		众数	7021			
8	8月6日	4230		标准差	2289.42266			
9	8月7日	5600		方差	5241456.116			
10	8月8日	5834		峰度	-0.732683024			
11	8月9日	8820		偏度	0.226523959			
12	8月10日	10933		区域	7806			
13	8月11日	10221		最小值	3127			
14	8月12日	8500		最大值	10933			
15	8月13日	8210		求和	128654			
16	8月14日	7021		观测数	20			
17	8月15日	8011		最大(1)	10933			
18	8月16日	7021		最小(1)	3127			
19	8月17日	7033		置信度(95	1071.482787			
20	8月18日	7102						
21	8月19日	6800						

图 4-6　描述统计结果示例

4.2　趋势分析

4.2.1　案例导入

走势预测是将历史资源和数据，按照时间顺序排列成一个系列，根据时间序列所反映的经济现象的发展过程和趋势，将时间序列外推或延伸，来预测经济现象未来可能达到的水平。

中国作为全球化妆品市场发展规模年均增速最快的国家，据前瞻产业研究院发布的中国化妆品行业市场需求预测与投资战略规划分析报告的统计数据显示，2014 年全国化妆品零售总额已达 1824.7 亿元，2015 年全国化妆品零售总额突破 2000 亿元，到了 2021 年全国化妆品零售总额达到了 4026 亿元，同比增长 18.4%，如图 4-7 所示。从图 4-7 中不难看出，全国化妆品零售总额从 2014 年到 2021 年呈逐年增长态势。

结合案例，思考并回答以下问题。

（1）图 4-7 中的虚线是否能够呈现出 2014—2021 年全国化妆品零售总额的变化趋势？

（2）预测 2022 年全国化妆品零售总额的数据可以采用哪些方式？

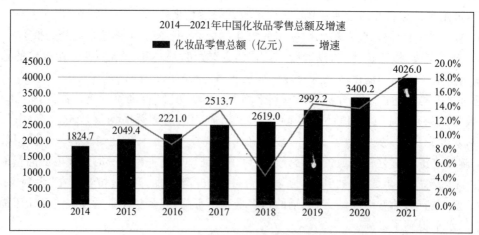

图 4-7　2014—2021 年全国化妆品零售总额统计情况

4.2.2 认识趋势分析

趋势分析是在已有数据的基础上,利用科学的方法和手段,对未来一定时期内的市场需求、发展趋势和影响因素的变化做出判断,进而为营销决策服务。

趋势分析一般适用于产品核心指标的长期跟踪,如点击率、成交金额、活跃用户数等。做出简单的数据趋势图并不算趋势分析,趋势分析更多的是明确数据变化,并对变化的原因进行分析,包括外部原因和内部原因。

Excel 提供图表趋势预测法、时间序列预测法及多个相关的预测函数,接下来将借助 Excel 提供的这些功能来完成电商数据的趋势分析。

4.2.3 图表趋势预测法

1. 认识图表趋势预测法

在电商企业经营过程中,商家可以通过图表趋势预测法预测商品销量和销售额,根据预测值调整销售策略。

在 Excel 中,图表趋势预测法的基本流程为:①根据给出的数据,制作散点图或者折线图;②观察图表形状,并添加适当类型的趋势线;③利用趋势线外推或利用回归方程计算预测值。

从图表趋势预测法的基本流程中可以看出,趋势线在趋势分析过程中起到了重要作用。趋势线是一种回归分析的基本方法,回归分析是确定两种或两种以上变量间相互依赖的定量关系的一种统计分析方法。通过回归分析,可以使趋势线延伸至事实数据之外,从而预测未来值。趋势线用途广泛,大到可以制定组织战略规划,小到可以编制工作计划。

Excel 图表中的"趋势线"是一种直观的预测分析工具,通过这个工具,用户可以很方便地从图表中获取预测数据信息。趋势线的主要类型有线性、指数、对数、多项式、乘幂、移动平均等,如图 4-8 所示。选择合适的趋势线类型是提升趋势线的拟合程度、提高预测分析准确性的关键。

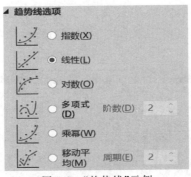

图 4-8 "趋势线"示例

(1) 线性趋势线。线性趋势线适用于增长或降低的速度比较平稳、关系稳定,数据点构成趋势近乎直线的预测,如某企业产量与用电量的数据。

(2) 指数趋势线。指数趋势线适用于增长或降低的速度持续增加,且增加幅度越来越大的数据集合,数据点构成趋势为曲线的预测,如某地不同高度的大气压数据。如果数据值中含有零或负值,则不能使用指数趋势线。

(3) 多项式趋势线。多项式趋势线适用于增长或降低的波动幅度较大的数据集合,它可用于分析大量数据的偏差,如居民消费价格指数波动情况。多项式的阶数可由数据波动的次数或曲线中拐点(峰和谷)的个数确定。二阶多项式趋势线通常仅有一个峰或谷;三阶多项式趋势线通常有一个或两个峰或谷;四阶多项式趋势线通常多达三个峰或谷。

（4）对数趋势线。对数趋势线适合增长或降低幅度开始比较快，然后逐渐趋于平缓的数据集合，如人的年龄与身高数据。

（5）乘幂趋势线。乘幂趋势线适用于增长或降低速度持续增加，且增加幅度比较恒定的数据集合。例如，赛车一秒内的加速度、自由落体的时间与高度数据。如果数据中含有零或负值，则不能创建乘幂趋势线。

（6）移动平均趋势线。移动平均趋势线通常用于平滑处理数据中的微小波动，从而更加清晰地显示数据的变化规律和趋势，在股票、基金、汇率等技术分析中经常使用。移动平均趋势线使用特定数目的数据点（由"周期"选项设置），取其平均值，然后将该平均值作为趋势线中的一个点。例如，如果"周期"设置为2，那么前两个数据点的平均值就是移动平均趋势线中的第一个点，第二个和第三个数据点的平均值就是移动平均趋势线的第二个点，以此类推。

特定类型的数据具有特定类型的趋势表现，要获得精确的预测，为数据选择合适的趋势线非常重要。在实际应用时，不可仅凭主观臆断草率决定，选择哪种趋势线主要取决于趋势线的 R 平方值。R 平方值为回归平方和与总离差平方和的比值，表示总离差平方和中可以由回归平方和解释的比例，这一比例越大表示模型越精确，回归效果越显著。R 平方值介于 $0 \sim 1$，越接近1，回归拟合效果越好，一般认为超过 0.8 的模型拟合度比较高。在 Excel 中借助趋势线进行走势预测时，选中"显示 R 平方值"复选框，在预测图表中即可出现 R 平方值。

2. 利用图表趋势预测法分析

在趋势线中，最常用的有线性趋势线、指数趋势线、多项式趋势线，下面将通过案例详细介绍如何借助这三类趋势线完成走势预测分析。

（1）利用线性趋势线预测店铺销售额。某店铺 2012—2021 年的销售额数据已知，欲利用线性趋势线预测 2022 年和 2023 年的店铺销售额，具体操作步骤如下。

第 1 步，打开"某店铺销售额数据.xlsx"文件，选择 A2:B13 单元格区域，选择"插入"选项卡，在"图表"组中单击"折线图"的下拉按钮，选择"带数据标记的折线图"选项，即可完成折线图的添加，如图 4-9 所示。

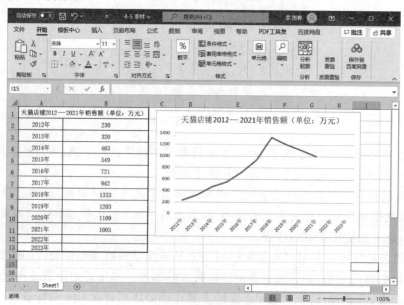

图 4-9 添加折线图

第 2 步，选中折线图，选择"图表设计"选项卡，在"添加图表元素"组中单击"趋势线"的下拉按钮，选择"线性"选项，即可完成线性趋势线的添加，如图 4-10 所示。

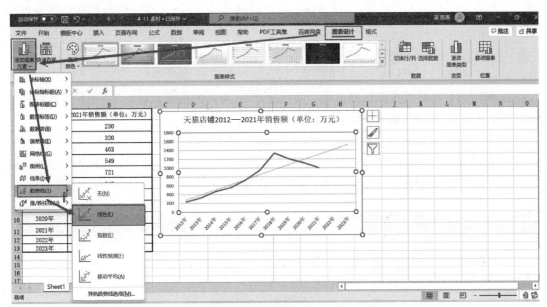

图 4-10　添加线性趋势线

第 3 步，双击插入的趋势线，弹出"设置趋势线格式"对话框，本例中需往前预测两年的销售额，故在"趋势预测"选项区中的"前推"文本框中输入 2，选中"显示公式"复选框，然后单击"关闭"按钮，如图 4-11 所示。

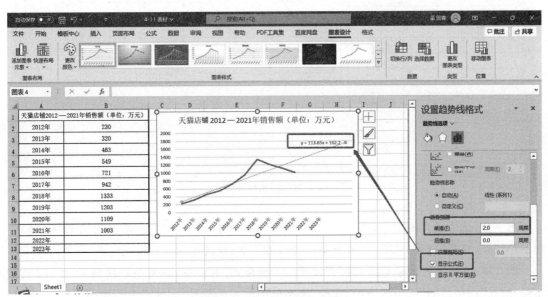

图 4-11　设置线性趋势线格式

第4步,在图表中查看预测公式,使用公式计算预测年份的销售额。本例中公式为"$y=113.65x+162.2$",其中 x 是第几个年份对应的数据点,y 是对应年份的销售额。由于2022年是第11个数据点,2023年是第12个数据点,由此计算出2022年和2023年的店铺销售额如下。

$$y_{2022年}=113.65×11+162.2=1412.35(万元)$$

$$y_{2023年}=113.65×12+162.2=1526.00(万元)$$

(2) 利用指数趋势线预测店铺销量。某店铺近10个月的销量数据已知,欲利用指数趋势线预测11月和12月的店铺销量,具体操作步骤如下。

第1步,打开"某店铺销量数据.xlsx"文件,选择 A2:BI3 单元格区域,选择"插入"选项卡,在"图表"组中单击"散点图"的下拉按钮,选择"仅带数据标记的散点图"选项,散点图插入完成后,添加图表标题,完成图表的基本设置,如图 4-12 所示。

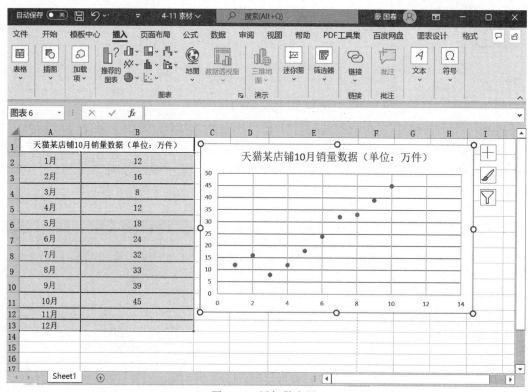

图 4-12　添加散点图

第2步,选中散点图图表,选择"图表设计"选项卡,在"添加图表元素"组中单击"趋势线"的下拉按钮,选择"指数"选项,完成指数趋势线的添加,结果如图 4-13 所示。

第3步,双击插入的趋势线,弹出"设置趋势线格式"对话框,本例中需预测11月、12月的销量,故在"趋势预测"选项区中的"前推"文本框中输入2,选中"显示公式"和"显示 R 平方值"复选框,然后单击"关闭"按钮,如图 4-14 所示。

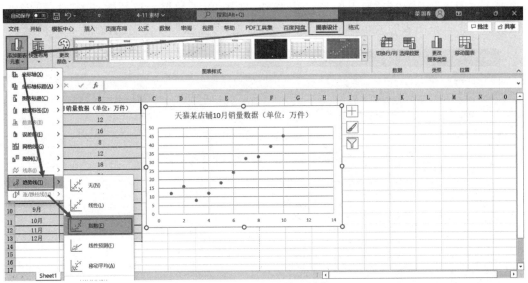

图 4-13 添加指数趋势线

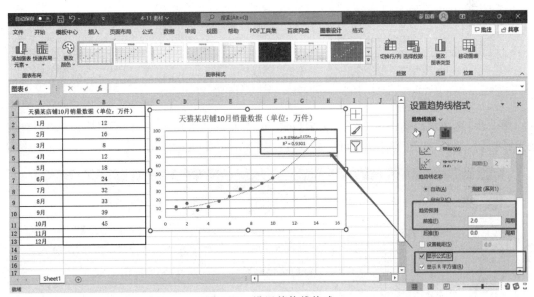

图 4-14 设置趋势线格式

第 4 步,此时即可根据公式或指数趋势线预测 11 月和 12 月的销量。本例中公式为 $y=8.0366e^{0.1724x}$,其中 x 是第几个月份对应的数据点,y 是对应月份的销量。由于 11 月是第 11 个数据点,12 月是第 12 个数据点,由此计算出 11 月和 12 月的店铺销量如下。

$$y_{11月}=8.0366e^{0.1724\times 11}\approx 53.54(万件)$$
$$y_{12月}=8.0366e^{0.1724\times 12}\approx 63.61(万件)$$

(3)利用多项式趋势线预测销售费用。某店铺 2022 年 8 月 1 日至 2022 年 8 月 20 日的销售额和销售费用数据已知,在已知 8 月 21 日销售额的情况下,欲利用多项式趋势线预测 8 月 21 日的销售费用,具体操作步骤如下。

第 1 步,打开"销售额和销售费用分析.xlsx"文件,选择 B2:C22 单元格区域,选择"插入"

选项卡,在"图表"组中单击"散点图"的下拉按钮,选择"仅带数据标记的散点图"选项,完成散点图的插入。调整图表的大小和位置,添加图表标题,散点图即设置完成,如图 4-15 所示。

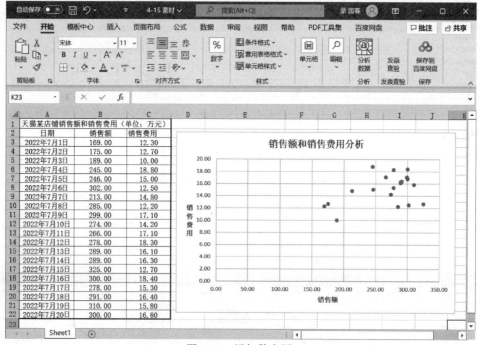

图 4-15　添加散点图

第 2 步,选中散点图图表,选择"图表设计"选项卡,在"添加图表元素"组中单击"趋势线"的下拉按钮,选择"线性"选项,即可完成线性趋势线的添加,如图 4-16 所示。

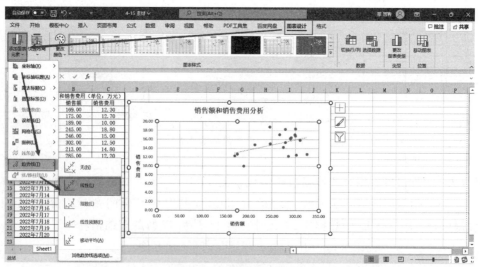

图 4-16　添加线性趋势图

第 3 步,双击插入的趋势线,在弹出的"设置趋势线格式"对话框中选中"多项式"单选按钮,在"阶数"数值框中输入 2,选中"显示公式"和"显示 R 平方值"复选框,然后单击"关闭"按钮,即可在图表中看到预测公式和 R 平方值,如图 4-17 所示。

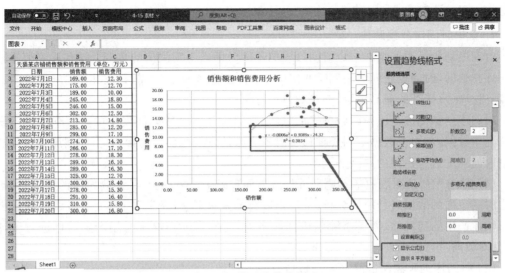

图 4-17 设置趋势线格式

需要注意的是,多项式趋势线可以使用 2~6 个系数,系数确定后对应的多项式阶数随即确定,如系数为 2 个,则对应的多项式为二阶多项式,其中高阶趋势线往往可以描述具有复杂或者多重曲线的数据集。

第 4 步,选中散点图图表、在"图表工具"中选择"设计"选项卡,在"添加图表元素"组中单击"轴标题"的下拉按钮,分别对"主要横坐标轴""主要纵坐标轴"的标题和格式进行调整,即可完成销售额与销售费用分析趋势图,如图 4-18 所示。

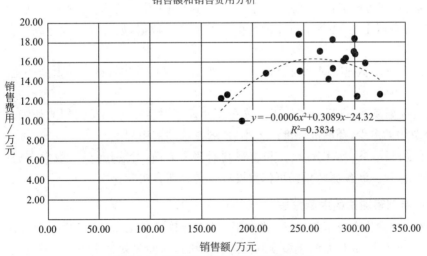

图 4-18 销售额与销售费用分析趋势图

第 5 步,在已知销售额的情况下,可根据公式计算对应的销售费用的预测值。本例中公式为 $y=-0.0006x^2+0.3089x-24.32$,其中 x 是销售额的数据,y 是该销售额对应的销售费用,如已知 7 月 21 日该店铺的销售额是 300 万元,由此计算出其销售费用的预测值如下。

$$y = -0.0006 \times 300^2 + 0.3089 \times 300 - 24.32 \approx 14.35 (万元)$$

4.2.4 时间序列预测法

1. 认识时间序列预测法

时间序列指某种变量在一定时间段内的不同时间点上观测值的集合。这些观测值是按时间顺序排列的,时间点之间的间隔是相等的,可以是年、季度、月、周、日或其他时间段,如按年、季度、月、周、日统计的商品销量、销售额或库存量。

时间序列预测法是一种回归预测的方法,是把统计资料按时间发生的先后顺序排序得出的一连串数据,利用该数据序列外推预测对象未来的发展趋势。简而言之,时间序列预测法是根据时间推进进行预测的方法。

(1) 时间序列预测法的基本原理可从两方面理解。一方面,承认事物发展的延续性,运用过去时间序列的数据进行统计分析,推测出事物的发展趋势;另一方面,充分考虑到偶然因素的影响而产生的随机性,为了消除随机性的影响,时间序列预测法利用历史数据进行统计分析,并对数据进行适当处理,进行走势预测。

(2) 时间序列预测法的基本特点包括以下三点。

① 假设事物发展趋势会延伸到未来。

② 预测所依据的数据具有不规则性。

③ 不考虑事物发展的因果关系。

(3) 时间序列预测法的优缺点。时间序列预测法的优点在于能够分析过去、现在、未来的关系,未来的结果与过去、现在的各种因素之间的关系;其预测效果比较好,数据处理过程也不复杂。时间序列预测法的缺点是只能反映对象线性的、单向的联系,适合预测在时间方面稳定延续的过程,不适合进行长期预测。

(4) 时间序列预测法的一般步骤分为以下几步。

① 收集、整理历史资料,编制时间序列。进行这项工作的要求是:时间序列要完整、准确;各数据间应具有可比性,要将不可比的数据整理为可比数据;如果在时间序列中存在极端值,要将其删除。

② 绘制图形。要把时间序列绘制成统计图,以便更好地体现变量的发展变化趋势和统计数据的分布特点。

③ 建立预测模型,进行预测计算。选择预测模型时主要考虑预测期的长短、时间序列的类型、预测费用的多少、预测准确度的大小、预测方法的实用程度。

④ 评价预测结果。从统计检验和直观判断两个方面,对使用统计、数学方法取得的预测结果进行评价,以判断预测结果的可信程度以及是否切合实际。

2. 时间序列预测法的主要方法

时间序列预测法有季节波动法、移动平均法、指数平滑法、差分指数平滑法、自适应过滤法、直线模型预测法、成长曲线模型预测法等。随机性时间序列预测法通过建立随机性时间序列模型进行预测,其方法和数据要求都很高,精度也很高。

在时间序列预测法中,季节波动法、移动平均法、指数平滑法比较常用。

(1) 季节波动法。季节波动法又称季节周期法、季节指数法、季节变动趋势预测法,是对季节波动的时间序列进行预测的方法。其中,季节波动指某些社会经济现象由于受自然因素、消费习惯、风俗习惯等社会因素的影响,在一年内随着季节的更换而引起的有规律的变动。由于季节波动,一些商品在一年中的销量会相应发生波动。例如,生鲜、服装、空调或冰箱等商品在不同的季节会有明显的区别。虽然不同商品具有各自季节变动的状态,但其共同特点是季节变动的循环周期为一年,而且在一年中随着季节的更替呈现出有规律的变动。利用季节波动法进行预测的具体操作步骤如下。

第 1 步,收集历年(通常至少三年)各月或各季度的统计资料,作为观察值。

第 2 步,求出各年同月或同季度观察值的平均数(用 A 表示)。

第 3 步,求出历年所有月份或季度的平均值(用 B 表示)。

第 4 步,计算各月或各季度的季节指数,又称季节比率,即 $S=A/B$。

第 5 步,根据未来年度的全年走势预测值,求出各月或各季度的平均趋势预测值,乘以相应的季节指数,得出未来年度内各月或各季度包含的季节变动的预测值。

(2) 移动平均法。移动平均法是用一组最近的实际数据值来预测未来一期或几期内数值的常用方法,如预测公司产品的需求量、公司产能等,当产品需求量既不快速增长也不快速下降,且不存在季节性因素时,移动平均法能有效地消除预测中的随机波动。例如当一个企业购入原材料,以移动平均法对发出的成本进行计算,如原有材料单价为 a 元,数量为 b,一次购入原材料的实际单价为 a_1 元,数量为 b_1,则发出原材料时发出成本的单价为 $(a\times b+a_1\times b_1)/(b_1+b)$。如果期间又购入原材料,则在下次发出原材料时,其发出成本是用上次发出后的余额与现购的总额再求一次单价。这可以视为一个移动的过程,所以称为移动平均法。

(3) 指数平滑法。指数平滑法指以某种指标的本期实际数和本期预测数为基础,引入一个简化的加权因子,即平滑系数,以求得平均数的一种指数平滑预测法。平滑系数必须大于 0 小于 1,如 0.1、0.4、0.6 等。其计算公式如下。

下期预测数＝本期实际数×平滑系数＋本期预测数×(1－平滑系数)

如某种产品销售量的平滑系数为 0.4,2021 年实际销售量为 50 万件,预测销售量为 55 万件,则 2022 年预测销售量如下。

2022 年预测销售量＝50×0.4＋55×(1－0.4)＝53(万件)

3. 利用时间序列预测法分析

下面将介绍如何在 Excel 中利用季节波动法、移动平均法、指数平滑法这三种时间序列预测法进行数据预测。

(1) 利用季节波动预测店铺销量。某店铺统计了近五年各季度的销量,预计在 2022 年提高 20% 的销量,从而预测各季度的销量,具体操作步骤如下。

第 1 步,打开"某商品连续五年季度销量统计.xlsx"文件,选择 B8 单元格,在编辑栏中输入公式"＝AVERAGE(B3:B7)",并按 Enter 键确认,计算同季度平均值,接着选中 B8 单元格,向右拖动鼠标指针填充柄至 E8 单元格,填充其他三个季度的平均值,如图 4-19 所示。

第 2 步,选择 B9 单元格,在编辑栏中输入公式"＝AVERAGE（B8:E8）",并按 Enter 键确认,计算所有季度平均值,如图 4-20 所示。

第 3 步,选择 B10 单元格,在编辑栏中输入公式"＝B8/B9",并按 Enter 键确认,计算第一季度比率,如图 4-21 所示。其他三个季度的季度比率计算方式相同,都为同季度平均值÷所有季度平均值。

第 4 步,按住 Ctrl 键分别选择 B2:E2 和 B10:E10 单元格区域,选择"插入"选项卡,在"图表"组中单击"折线图"的下拉按钮,选择"折线图"选项,即可完成折线图的添加。调整折线图图表的位置和大小,添加图表标题,结果如图 4-22 所示。

图 4-19　计算同季度平均值

图 4-20　计算所有季度平均值

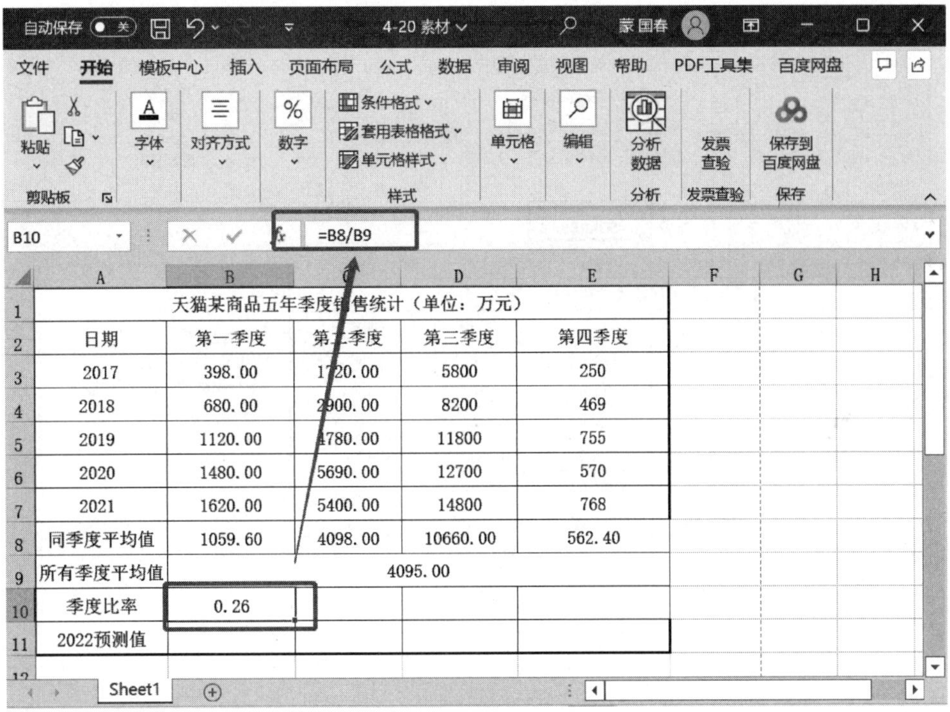

项目 4 常用的分析方法

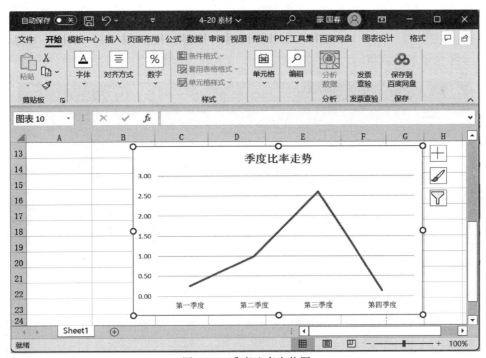

图 4-21 计算季度比率

图 4-22 季度比率走势图

第 5 步,选择 F3 单元格,在编辑栏中输入公式"= SUM(B3:E3)"按 Enter 键确认,即可得出 2017 年全年的合计销量。选中 F3 单元格,向下拖动鼠标指针填充柄至 F7 单元格,填充数据,即可得出 2017—2021 年各年的全年销量合计,如图 4-23 所示。

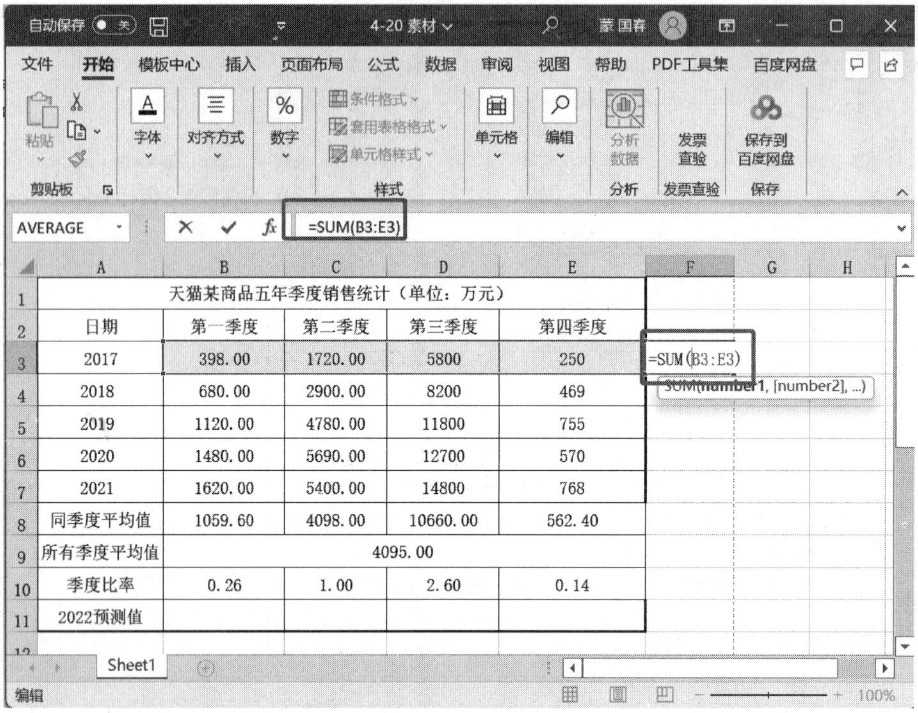

图 4-23 计算全年销量合计

第 6 步,选择 F11 单元格,在编辑栏中输入公式"=F7*1.2",并按 Enter 键确认,计算预测合计值,如图 4-24 所示。本例中 2022 年该商品的销售目标是提高 20% 的销量,因此 2022 年全年销量的预测值=2021 年销量合计×(1+20%),即 F7*1.2。

图 4-24 计算 2022 年预测合计值

第 7 步，选择 B11 单元格，在编辑栏中输入公式“＝F11/4 * B10”，并按 Enter 键确认，计算 2022 年第一季度的预测值，即为 2022 年预测合计值在四个季度的均值与各季度比率的乘积，如图 4-25 所示。

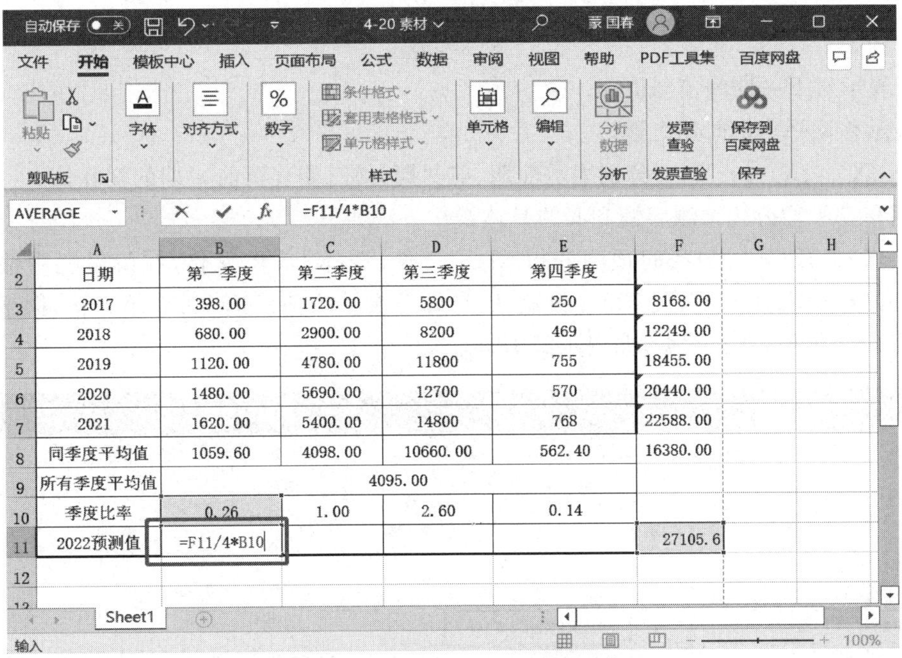

	A	B	C	D	E	F
2	日期	第一季度	第二季度	第三季度	第四季度	
3	2017	398.00	1720.00	5800	250	8168.00
4	2018	680.00	2900.00	8200	469	12249.00
5	2019	1120.00	4780.00	11800	755	18455.00
6	2020	1480.00	5690.00	12700	570	20440.00
7	2021	1620.00	5400.00	14800	768	22588.00
8	同季度平均值	1059.60	4098.00	10660.00	562.40	16380.00
9	所有季度平均值	4095.00				
10	季度比率	0.26	1.00	2.60	0.14	
11	2022预测值	=F11/4*B10				27105.6

图 4-25　计算 2022 年季度预测值

第 8 步，选中 B11 单元格，向右拖动填充柄至 E11 单元格，即可完成 2022 年的季度预测计算，结果如图 4-26 所示。

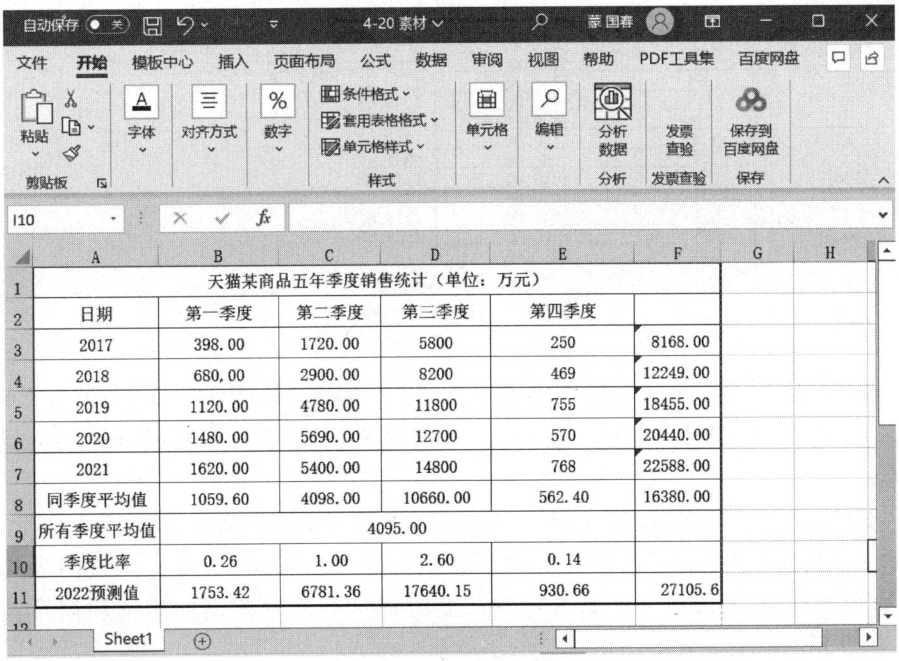

	A	B	C	D	E	F
1	天猫某商品五年季度销售统计（单位：万元）					
2	日期	第一季度	第二季度	第三季度	第四季度	
3	2017	398.00	1720.00	5800	250	8168.00
4	2018	680.00	2900.00	8200	469	12249.00
5	2019	1120.00	4780.00	11800	755	18455.00
6	2020	1480.00	5690.00	12700	570	20440.00
7	2021	1620.00	5400.00	14800	768	22588.00
8	同季度平均值	1059.60	4098.00	10660.00	562.40	16380.00
9	所有季度平均值	4095.00				
10	季度比率	0.26	1.00	2.60	0.14	
11	2022预测值	1753.42	6781.36	17640.15	930.66	27105.6

图 4-26　填充预测值

（2）利用移动平均法预测店铺利润。某店铺 2020 年与 2021 年各月的利润数据已知，利用移动平均趋势线分析该店铺全年各月的利润走势。

利用移动平均公式预测店铺利润，其公式如下。

$$Y_t = \frac{X_{t-1} + X_{t-2} + X_{t-3} + \cdots + X_{t-n}}{n}$$

式中，Y_t 表示对下一期的预测值；

n 表示移动平均的时期个数；

X_{t-1}、X_{t-2}、$X_{t-3}\cdots X_{t-n}$ 分别表示前期、前两期、前三期直至前 n 期的实际值。

利用移动平均公式预测店铺利润的具体操作方法如下。

第 1 步，打开"某店铺利润预测分析.xlsx"文件，选择 D8 单元格，在编辑栏中输入公式"＝AVERAGE(C3:C14)"，按 Enter 键确认，计算一次平均值。选中 D8 单元格，向下拖动填充柄至 D20 单元格，填充数据，如图 4-27 所示。

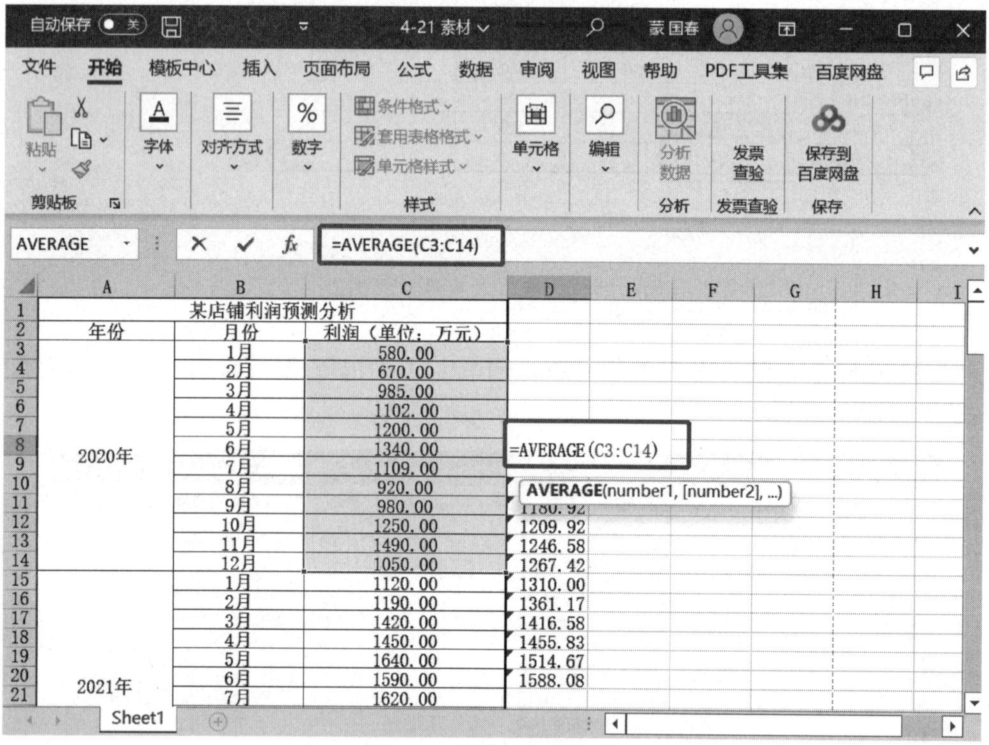

图 4-27 计算一次平均值

第 2 步，选择 E9 单元格，在编辑栏中输入公式"＝AVERAGE(D8:D9)"，并按 Enter 键确认，计算二次平均值。选中 E9 单元格，向下拖动填充柄至 E20 单元格，进行数据填充，如图 4-28 所示。

第 3 步，按住 Ctrl 键选择 C2:C26 和 E2:E26 单元格区域，选择"插入"选项卡。在"图表"组中单击"折线图"的下拉按钮，选择"带数据标记的折线图"选项。调整图表的大小和位置，添加图表标题，完成图表的基本设置。此时即可查看预测出的店铺利润及其变化趋势，如图 4-29 所示。

如果利用"移动平均"分析工具预测店铺利润，则其具体操作方法如下。

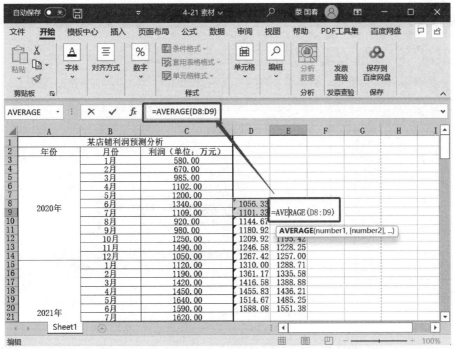

图 4-28　计算二次平均值

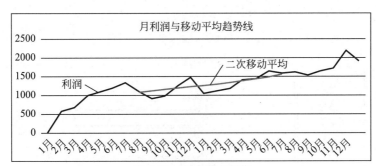

图 4-29　完成图表制作

　　第 1 步，打开"某店铺利润预测分析.xlsx"文件，选择"数据"选项卡，单击"数据分析"按钮，在弹出的"数据分析"对话框中选择"移动平均"分析工具，然后单击"确定"按钮，如图 4-30 所示。

　　第 2 步，在弹出的"移动平均"对话框中设置参数，选中"标志位于第一行""图表输出""标准误差"（标准误差是实际数据与预测数据即"移动平均数据"的标准差，用于显示预测值与实际值的差距，这个数据越小，表明预测数据越准确）复选框，然后单击"确定"按钮，如图 4-31 所示，即可输出移动平均数值及移动平均趋势线，分别如图 4-32 和图 4-33 所示。

　　（3）利用指数平滑法预测产品生产量。不含趋势和季节成分的时间序列即为平稳时间序列，由于这类序列只含随机成分，因此只要通过平滑就可以消除随机波动，这类预测方法被称为指数平滑法。指数平滑法使用以前的全部数据来决定一个特别时间序列的平滑值。指数平滑法可以分为一次指数平滑法、二次指数平滑法及三次指数平滑法。这里主要介绍一次指数平滑法。

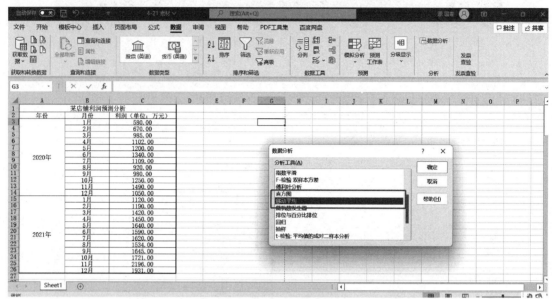

图 4-30 选择"移动平均"分析工具

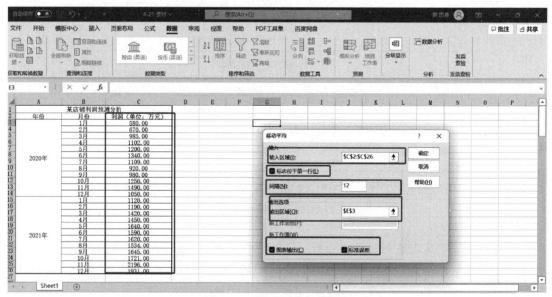

图 4-31 "移动平均"对话框

指数平滑法计算公式如下。

$$Y_t = \alpha X_{t-1} + (1-\alpha) y_{t-1} = (1-\beta) X_{t-1} + \beta y_{t-1}$$

式中，Y_t 表示时间的平滑值；

X_{t-1} 表示时间 $t-1$ 的实际值；

y_{t-1} 表示时间 $t-1$ 的平滑值；

α 表示平滑系数；

β 表示阻尼系数。

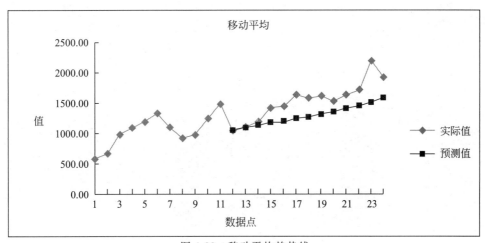

图 4-32 移动平均数值

图 4-33 移动平均趋势线

已知某产品 1—11 月的生产量统计数据,假设平滑系数为经验值 0.4,现在需要预测出 12 月的生产量,具体操作步骤如下。

第 1 步,打开"某产品 1—11 月生产量数据"文件,在"数据"选项卡的"分析"选项组中单击 "数据分析"按钮,弹出"数据分析"对话框,在"分析工具"列表框中选择"指数平滑"选项,如 图 4-34 所示。

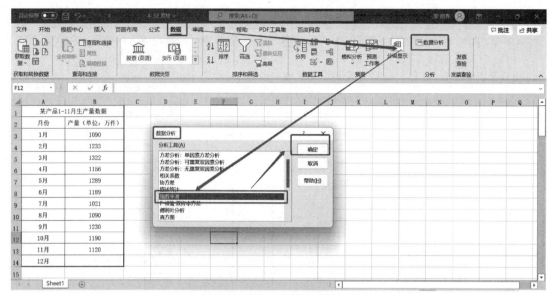

图 4-34 选择"指数平滑"选项

第 2 步,单击"确定"按钮,弹出"指数平滑"对话框。设置"输入区域"为 B3:B13 单元格区域,在"阻尼系数"文本框中输入 0.6,设置"输出区域"为 C3 单元格,如图 4-35 所示。单击"确定"按钮,返回工作表中,即可得出一次指数预测结果,如图 4-36 所示。

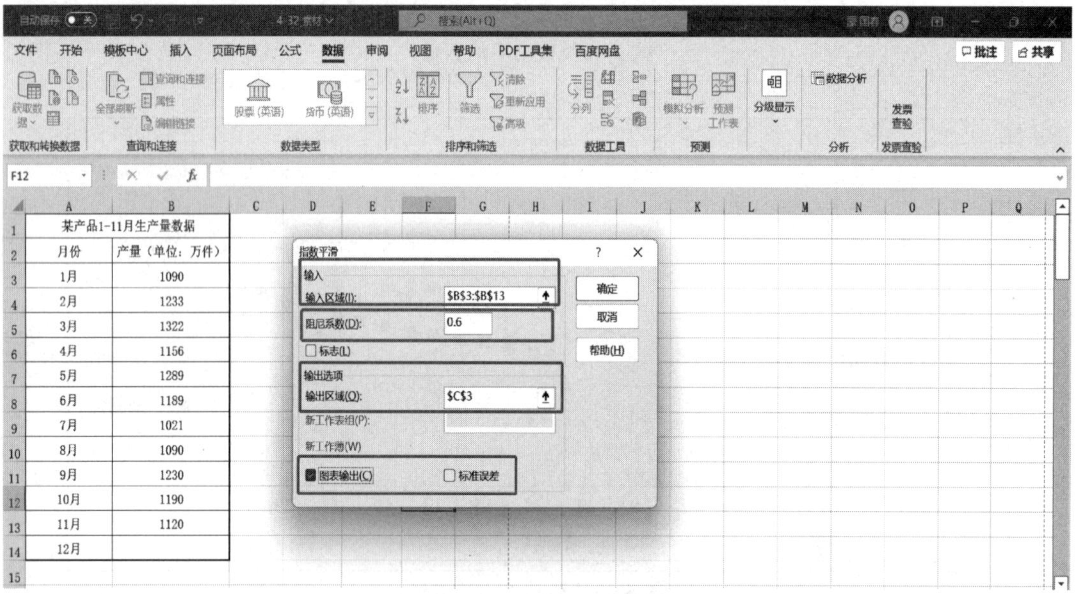

图 4-35 设置分析参数

11 月生产量的真实值为 1120 万件,$\alpha=0.4$ 的平滑值约为 1173.751 万件,根据指数平滑法计算公式,可以算出某产品 12 月的生产量预测值如下。

$$1120\times0.4+1173.751\times0.6\approx1152.25(万元)$$

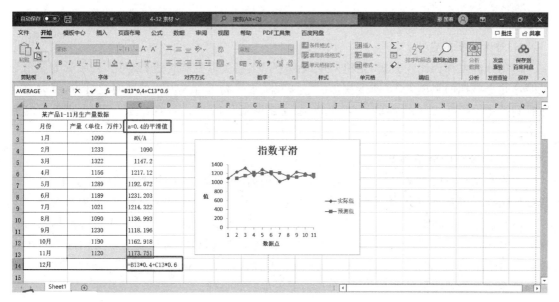

图 4-36 分析结果

4.3 对比分析

4.3.1 案例导入

在数据分析工作中,经常会将两组或多组数据放在一起对比,从数量上展示和说明这几组数据的关系与差距,常用到的对比分析方法有同比分析法、环比分析法。例如,网经社 2022 年发布的《拼多多营收财报》中显示,拼多多 2022 年第一季度营收 237.94 亿元,2021 年同期为 221.67 亿元,同比增长 7%,市场预期为 206.06 亿元。该季度营收的增长主要源于平台商家活动和交易体量的增长,在用户增长放缓的前提下,拼多多过去几个季度更加注重深耕技术领域,用技术创新为消费者和商家提供更多服务,提高平台的生产效率,如图 4-37 所示。

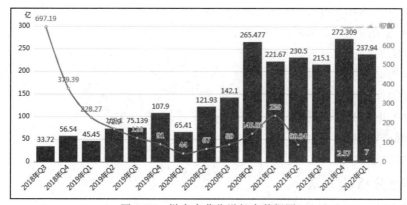

图 4-37 拼多多营收增长率数据图

结合案例,思考并回答以下问题。

(1) 请结合图 4-37 提供的数据,全面分析拼多多平台的营收情况。

(2) 运用同比分析法有什么好处?

4.3.2 认识对比分析

1. 对比分析的含义

对比分析也称为比较分析,是将两个或两个以上有关联的指标进行对比,从数量上展示和说明这几个指标的规模大小、速度快慢、关系亲疏、水平高低等情况。使用对比分析,可以直观地看到被比较指标之间的差异或变动,并通过数据量化的方式呈现出被比较指标之间的差距值。

2. 对比分析的使用场景

作为数据分析的方法之一,对比分析以其使用简单、展现明了的特点被广泛使用,其中最常被使用到的场景有四类:竞争对手对比、目标与结果对比、不同时期对比、活动效果对比。

(1)竞争对手对比。竞争对手对比是采用企业自身指标数据与竞争对手指标数据进行行业上的对比,目的是通过了解竞争对手的信息、发展策略及行动,对比企业自身情况后做出合理的应对措施,以达到企业优化和提升的效果。例如,对比竞争对手同类产品的销售状况,可以判断企业在行业中所处的地位,进而找到下一步发展目标。

(2)目标与结果对比。目标与结果对比是指标目标与实际完成值进行对比,以此分析出两者之间的差距以及差距的数值等情况。例如,对比企业年实际销售业绩与目标销售业绩,可以得出两者之间的具体差异点,企业可以总结产生这些差异的原因,并以此为基础进行优化。

(3)不同时期对比。不同时期对比是对指标在不同时期的数据进行对比,以了解同一指标的发展情况。例如,对 2019 年、2020 年和 2021 年的数据进行对比,可以了解该指标在这三年的变化情况及变化趋势,企业可以据此对该指标进行优化。

(4)活动效果对比。活动效果对比是对指标在活动开展前后的情况进行对比,以反映活动产生的效果。例如,对比一场营销活动前后指标变化的情况,可以看出活动开展得是否有效果以及效果是否明显。

3. 对比分析的注意事项

进行对比分析时,要选择具有可比性的多个指标进行比较,这样才能得出具有可信性的分析结果。如果所选指标不具有可比性,例如用客单价与订单响应时长进行对比,所获得的比较结果一定是无意义的。具体来看,在选择指标时,要遵循以下原则。

(1)指标的类型一致。
(2)指标的计量单位一致。
(3)指标的计算方式一致。
(4)指标的内涵及延伸可比。
(5)指标的时间范围可比。
(6)指标的整体性质可比。

4.3.3 对比分析的方法

对比分析的方法主要有两种:同比分析法和环比分析法。

1. 同比分析法

(1)同比分析法及其计算。同比分析是对同类指标本期与同期数据进行比较,企业数据分析时常用来比较本期与上年同期的数据,如 2019 年 9 月对比 2018 年 9 月、本期前半年对比去年同期前半年等。通过比较,可以看到指标在不同时间跨度所产生的变化。

同比增长率的计算公式如下。

$$同比增长率=(本期数-同期数)÷同期数×100\%$$

例如某企业 2021 年 9 月的访客数为 1896 人，2020 年 9 月的访客数为 1359 人，其同比增长率＝(1896－1359)÷1359×100％＝39.51％。

(2) 在 Excel 中进行同比分析。某企业 2020 年和 2021 年各月份销售额汇总的数据如表 4-3 所示，使用 Excel 工具，对该企业 2020 年和 2021 年各季度的销售额进行同比分析。

表 4-3　2020 年和 2021 年各月份销售数据

时　间	销售额/万元	时　间	销售额/万元
2020 年 1 月	164	2021 年 1 月	268
2020 年 2 月	190	2021 年 2 月	296
2020 年 3 月	189	2021 年 3 月	360
2020 年 4 月	220	2021 年 4 月	389
2020 年 5 月	209	2021 年 5 月	430
2020 年 6 月	188	2021 年 6 月	456
2020 年 7 月	210	2021 年 7 月	435
2020 年 8 月	204	2021 年 8 月	422
2020 年 9 月	243	2021 年 10 月	430
2020 年 10 月	269	2021 年 11 月	450
2020 年 11 月	277	2021 年 12 月	478
2020 年 12 月	286		

第 1 步，依次单击"插入""数据透视图"按钮。

第 2 步，在"创建数据透视表"编辑框中的"选择一个表或区域"中，输入需要进行处理的数据区域，然后选中"现有工作表"，并在"位置"中输入数据透视表将要放置的位置。

第 3 步，在右侧"数据透视表字段"编辑区中选择"销售额""季度""年"这几个需要呈现在数据表中的指标，如图 4-38 所示。随后将"销售额"拖曳至"值"，将"季度"拖曳至"行"，将"年"拖曳至"列"。

图 4-38　某企业 2020 年和 2021 年数据透视表

第 4 步，选中数据透视表中某一个数据并用鼠标右击，然后依次单击"值显示方式""差异"按钮。

第 5 步,在"值显示方式"编辑框中设置"基本字段"为"年",设置"基本项"为"上一个"。

第 6 步,经过以上操作,得到 2021 年各季度的同比增长值,如图 4-39 所示。

求和项:销售额(单位:万元)	列标签		
行标签	2020年	2021年	总计
第一季		381	
第二季		658	
第三季		200	
第四季		526	
总计		1765	

图 4-39 2021 年各季度的同比增长值

第 7 步,进行同比增长率的计算。在"数据透视表"的编辑区内新增一个"销售额"求和项,操作方法是单击"销售额",将其拖曳至"值"。

第 8 步,选中数据透视表中的某一个数据并用鼠标右击,依次单击"值显示方式""差异百分比"按钮。

第 9 步,在"值显示方式"编辑框内设置"基本字段"为"年",设置"基本项"为"上一个"。

第 10 步,经过以上操作,得到 2021 年各季度的同比增长率。为了方便区分,需要对数据透视表里同比增长值和同比增长率对应的表头重新命名,命名方式为:双击需要重新命名的表头,在出现的文本框的"自定义名称"里输入新的表头名称,单击"确定"按钮,完成重命名,如图 4-40 所示。

年		数据		
	2020年		2021年	
季度	同比增长值	同比增长率	同比增长值	同比增长率
第一季			381	70.17%
第二季			658	106.65%
第三季			200	30.44%
第四季			526	63.22%
总计			1765	66.63%

图 4-40 2021 年各季度同比增长值和同比增长率

通过查看分析结果,可以明确企业 2021 年销售额的变化情况,如果同比呈正增长,说明企业的销售态势良好;如果同比呈负增长,则要探究出现负增长的原因,以便企业在日后运营过程中规避同类问题。

2. 环比分析法

(1) 环比分析法及其计算。环比分析法是对同类指标的本期与上期数据进行比较,企业数据分析时常用来对同年不同时期的数据进行比较,如 2021 年 9 月对比 2021 年 8 月、同年第三季度对比同年第二季度等。通过比较,可以看到指标在某一时间段随着时间产生的变化情况和趋势。

环比增长率的计算公式如下。

$$环比增长率=(本期数-上期数)\div 上期数\times 100\%$$

例如某企业 2021 年 9 月的成交额为 13658 元,2021 年 8 月的成交额为 12534 元,其环比增长率=(13658-12534)÷12534×100%=8.97%。

(2) 在 Excel 中进行环比分析。某企业 2020 年各月份销售额汇总的数据如表 4-4 所示,可以使用 Excel 工具,对该企业 2020 年销量额进行环比分析。和同比分析一样,环比分析也需要使用数据透视图功能。

表 4-4　2020 年各月份销售数据

时间	销售额/万元	时间	销售额/万元
2020 年 1 月	180	2020 年 7 月	218
2020 年 2 月	198	2020 年 8 月	212
2020 年 3 月	197	2020 年 9 月	251
2020 年 4 月	228	2020 年 10 月	277
2020 年 5 月	217	2020 年 11 月	285
2020 年 6 月	196	2020 年 12 月	294

第 1 步，依次单击"插入""数据透视图"按钮。

第 2 步，在"创建数据透视表"编辑框中的"选择一个表或区域"中，输入需要进行处理的数据区域，然后选中"现有工作表"，并在"位置"中输入数据透视表将要放置的位置。

第 3 步，在右侧"数据透视表字段"编辑区中选择"时间""销售额""月"这几个需要呈现在数据表中的指标。随后将"销售额"拖曳至"值"，将"月"和"时间"拖曳至"行"，如图 4-41 所示。

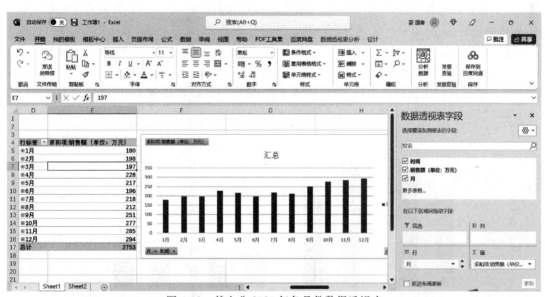

图 4-41　某企业 2020 年各月份数据透视表

第 4 步，选中汇总的某一个数值并用鼠标右击，然后单击"值显示方式"按钮。

第 5 步，单击"差异百分比"按钮，在"值显示方式"编辑框的"基本项"中选择删除"上一个"。

第 6 步，经过以上操作，可以自动生成企业 2020 年各月销售额环比增长率数值及图表，如图 4-42 所示。

通过环比分析结果，可以直观地看到企业 2020 年各月销售额的变化趋势与具体差异数值。企业需要分析产生这些差异的原因。例如，为什么 6 月的环比增长率为－9.68％，产生负增长的原因是正常还是异常的，如果是异常的，在今后的经营中企业要如何规避同类情况的发生。

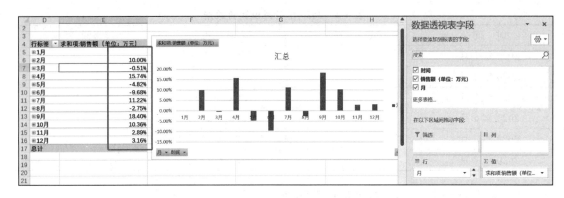

图 4-42　企业 2020 年各月销售额环比增长率

4.4　其他分析方法

4.4.1　案例导入

除了描述性统计分析、趋势分析和比较分析三类数据分析方法,还有其他若干数据分析方法,如频数分析法、分组分析法、结构分析法、平均分析法、交叉分析法、漏斗图分析法,这些方法共同搭建起企业数据分析的方法体系,为企业运营优化提供支持。天猫国际口服美白产品按不同价格进行分组得到的分析结果如图 4-43 所示,从图 4-43 中能够看到 2019 年、2020 年、2021 年各价格区间销售额的变化情况,整体来看,价格越低销售额越大,且销售额主要集中在 100~200 元。

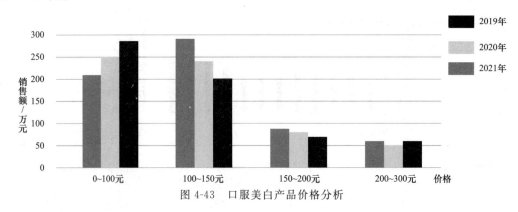

图 4-43　口服美白产品价格分析

结合案例,思考并回答以下问题。

(1) 2019 年、2020 年、2021 年口服美白产品的销售额有什么变化?

(2) 采用分组分析法的好处是什么?

(3) 是否可以采用其他分析方法对口服美白产品的价格与销售额进行分析?

4.4.2　频数分析法

1. 频数与频数分析法

频数也称为次数,是变量值出现在某个类别或区间中的次数。与频数相关的百分比数值是频率,频率是对象出现的次数与总次数的比值。

频数分析法是对变量的情况进行分析,通过频数分析能够了解变量取值的状况及数据的分布特征。频数分析主要针对分类变量指标进行，如性别、职业、人数等，从而了解这类指标的频数变化情况，例如运用频数分析法分析某年每个月客户数的分布频数，进而从整体上了解企业这一年客户数的分布情况，如图 4-44 所示。通过客户频数变化曲线，可以直观看到该企业 1 月到 4 月客户频数最高，5 月客户频数跌至谷底，随后逐渐回升。

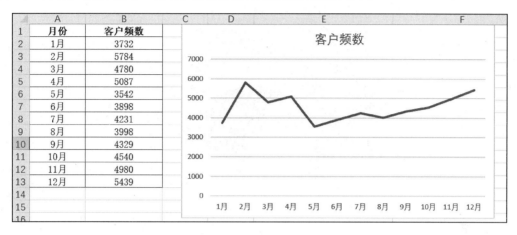

图 4-44　频数分布及趋势

2. 统计图类型

频数分析时，常用到直方图、条形图、饼状图三种统计图。

（1）直方图。直方图是用矩形面积来表示频数分布情况的图形，一般在直方图上还会加上展现频数累积变化的趋势线，如图 4-45 所示。

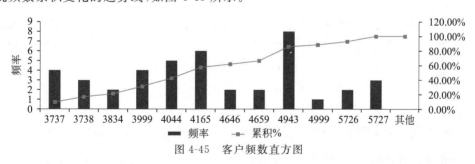

图 4-45　客户频数直方图

（2）条形图。条形图是用宽度相同的矩形的长短或高低来表示频数的变化情况。条形图的横坐标或纵坐标可以用来表示频数，也可以用来表示频率，如图 4-46 所示。

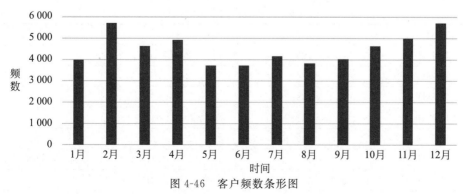

图 4-46　客户频数条形图

(3)饼状图。饼状图是用圆形里面的扇面来表示频数变化和分布情况的图形,饼状图中的扇面可以表示频数也可以表示频率,如图4-47所示。

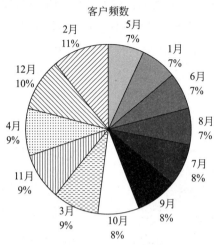

图 4-47　客户频数饼状图

3. 频数分析的操作要点

Excel中频数分析的操作要点包括排序、分组、分组上限。

(1)排序。排序是对原始数据按照数值大小进行排序,包括从小到大(升序)和从大到小(降序)两种排序方式。

(2)分组。分组是对将要进行频数分析的指标进行分组,所分的组即指标需要落到的区间。例如,对数值1~100进行分组,可以将其分组设定为1~10、10~20、20~30等,即所有大于或等于1小于10的数值都需要落在1~10的分组中,以此类推。

(3)分组上限。分组上限即在Excel中做频数分布表时,某分组频数对应的上限值。当相邻两组的上下限重叠时,分组上限可以设置为分组最大数值－1,例如分组"90~100"的上限与其相邻分组"100~110"的下限都为100,分组"90~100"的分组上限值即为100－1＝99。

4. 频数分析的过程

某企业网站月度客户购买数量统计表如表4-5所示,下面将使用Excel工具对这组数据进行频数分析。

表 4-5　月度客户购买数量统计表

日期	购买人数	日期	购买人数
2月1日	128	2月8日	136
2月2日	134	2月9日	144
2月3日	131	2月10日	137
2月4日	148	2月11日	149
2月5日	142	2月12日	147
2月6日	143	2月13日	108
2月7日	141	2月14日	120

续表

日期	购买人数	日期	购买人数
2月15日	107	2月22日	152
2月16日	104	2月23日	157
2月17日	109	2月24日	149
2月18日	128	2月25日	128
2月19日	136	2月26日	123
2月20日	138	2月27日	114
2月21日	150	2月28日	107

第1步,将企业日期和月度客户购买数量依次列在单元格A和单元格B中。

第2步,添加排序。复制"购买人数"中的数据粘贴在C单元格中,之后选中C1到C31区域(数据对应的所有区域),用鼠标右击,依次单击"排序"和"升序"按钮,完成排序。

第3步,添加分组与分组上限。在E单元格中添加6个分组,依次为100～110、110～120、120～130、130～140、140～150、150～160;在D单元格中添加分组上限,依次为109、119、129、139、149、159,如图4-48所示。

图4-48 添加分组与分组上限

第4步,依次单击"数据""数据分析"按钮。

第5步,依次单击"数据分析"编辑框中的"直方图"和"确定"按钮。

第6步,在"直方图"编辑框中的"输入区域"输入排序的数值区域,在"接收区域"输入分组上限的数值区域,在"输出区域"输入将要形成表格的起始位置,最后选中"累积百分率"和"图表输出"两个选项并单击"确定"按钮。

第7步,以上操作完成后,会自动生成频数累积统计表与直方图,如图4-49所示。

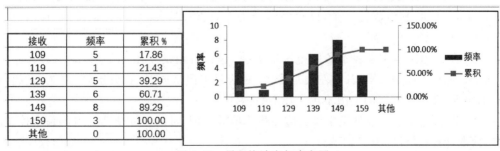

图4-49 累积统计表与直方图

从累积统计表与直方图中能够清晰地看到企业客户购买次数在各个分组中出现的频数与累积百分率,并能够直观地看到频数的变化曲线和变化趋势。企业可以据此看出客户购买频数最高的数值出现在分组上限 149 对应的区间,购买频数最低的数值出现在分组上限 119 对应的区间,并从整体上把控月度客户数量的变化情况。

4.4.3 分组分析法

1. 分组分析法的含义

分组分析法是根据分析对象的特征,按照一定的指标,将对象划分为不同类别进行分析的方法,这种分析方法能够揭示分析对象内在的联系和规律。

分组分析的目的是了解指标数据的内在关系,其实现方式是将总体中同一性质的对象合并于同一分组,将总体中不同性质的对象放置在其他分组,之后进行对比,得出分析结果。

2. 分组分析法的类型与原则

分组分析法的类型包括以下三种。

(1) 数量分组分析。数量分组分析是研究总体内结构及结构间相互关系的分析方法,如计算分类指标占总体的比重,一般来说,占比越大,在总体中越重要,越能够影响甚至决定指标的总体性质。

(2) 关系分组分析。关系分组分析是对关系紧密的变量与自变量进行分析,由此得出其依存关系的分析方式。例如,对企业产品的单价、销售额、利润进行分组分析,可以得出它们之间的关系。一般来说,作为自变量,产品单价的变化会引起销售额、利润这两个变量的变化,产品单价低,则相应变量数值高。

(3) 质量分组分析。质量分组分析是将指标内复杂的数据按照质量进行分组,以此找出规律的分析方式,常用来分析行业经济现象的类型特征和相互关系等。

分组分析法的原则。在进行分组分析时,需要遵循以下两个原则。

(1) 无遗漏原则。无遗漏原则指在进行分组时,总体中的每个单位都需要归属于一组,所有组中应包含所有单位,不能有遗漏。

(2) 排他性原则。排他性原则指进行分组的每个单位都只能属于一个分组,不能同时属于两个或两个以上的分组。

3. 分组分析的操作要点

Excel 中分组分析的操作要点包括组数、组限、组距、VLOOKUP 函数分组。

(1) 组数。组数是分组的个数。确定组数时,需要根据总体数据的多少进行确定。组数不能太多,太多会使数据分散;组数也不能太少,太少会缺少分析的单位数据,影响最终分析结果,如图 4-50 所示,其组数为 8 个,以年龄区分为 20～25、25～30、30～35、35～40、40～45、45～50、50～55、55～60 等。

(2) 组限。组限是用来表示各组范围的数值,包括各组的上限和下限,20～25、25～30、30～35、35～40 等都是组限,其中左边是下限,右边是上限。同时,在分组时,遵循"上组限不在内"的原则,即每个分组的上限不包含在本组内。

(3) 组距。组距是一个分组中最大值与最小值的差额,可以根据全部分组的最大值、最小值和组数来计算,其计算公式如下。

$$组距 = (最大值 - 最小值) \div 组数$$

如图 4-50 所示,组距 = (60 − 20) ÷ 8 = 5。

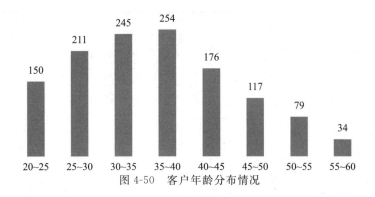

图 4-50　客户年龄分布情况

（4）VLOOKUP 函数分组。在 Excel 工具中进行分组分析，需要用到 VLOOKUP 函数。VLOOKUP 是一个纵向查找函数，其功能是按列查找，最终返回所需查询序列对应的值。例如，将需要进行分组分析的数据排成一列后，VLOOKUP 函数可以快速将这些数据分配到对应的分组中。

4．分组分析的过程

以 19 个月同款商品的价格为例，运用 VLOOKUP 函数进行分组，如表 4-6 所示。

表 4-6　19 个月同款商品价格表

商品价格	价格分组	商品价格	价格分组
31		26	
31		39	
32		36	
33		31	
29		24	
27		30	
28		31	
36		35	
35		30	
30			

第 1 步，利用 Excel 的 D、E、F 区域制作分组表格，在 D 区域设置分组下限（价格最小值）、E 区域设置分组并标记组限（各组名称）、F 区域设置分组价格区间。

第 2 步，设置分组表，此处设置组限为 20～25、25～30、30～35、35～40，对应分组下限分别为 20、25、30、35，对应的价格区间分别为 $20 \leqslant X < 25$、$25 \leqslant X < 30$、$30 \leqslant X < 35$、$35 \leqslant X < 40$。

第 3 步，选中 B2 单元格，输入 VLOOKUP(A2,D2:E6,2)，按 Enter 键，将 A2 单元格中的商品价格自动分组到 30～35 中，如图 4-51 所示。

VLOOKUP(A2,D2:E6,2) 公式中 A2 表示需要分组的数值，D2:E6 表示分组的区间，即 D2 至 E6 单元格。

第 4 步，将鼠标指针移动到 B2 单元格右下角，出现"＋"后，单击拖动至 B20 单元格。

第 5 步，完成上一步操作后，Excel 会自动套用公式快速完成分组，如图 4-52 所示。

通过以上方法，将商品价格分配到对应的价格分组中，接下来只需要快速浏览表格，就能

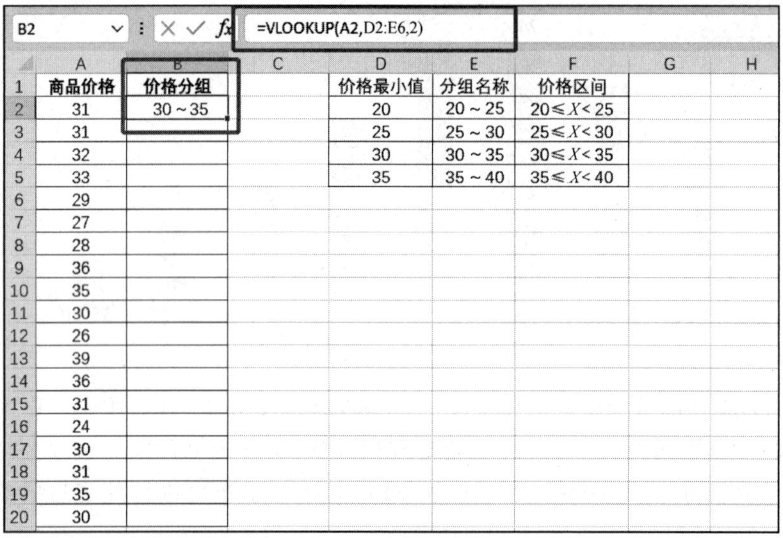

B2 =VLOOKUP(A2,D2:E6,2)

	A	B	C	D	E	F
1	商品价格	价格分组		价格最小值	分组名称	价格区间
2	31	30～35		20	20～25	20≤X<25
3	31			25	25～30	25≤X<30
4	32			30	30～35	30≤X<35
5	33			35	35～40	35≤X<40
6	29					
7	27					
8	28					
9	36					
10	35					
11	30					
12	26					
13	39					
14	36					
15	31					
16	24					
17	30					
18	31					
19	35					
20	30					

图 4-51　输入 VLOOKUP 函数，初步分组

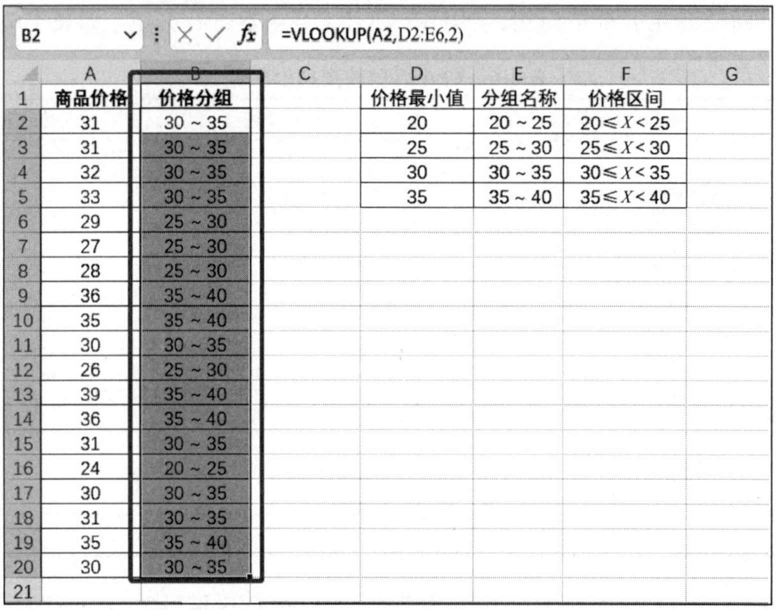

B2 =VLOOKUP(A2,D2:E6,2)

	A	B	C	D	E	F
1	商品价格	价格分组		价格最小值	分组名称	价格区间
2	31	30～35		20	20～25	20≤X<25
3	31	30～35		25	25～30	25≤X<30
4	32	30～35		30	30～35	30≤X<35
5	33	30～35		35	35～40	35≤X<40
6	29	25～30				
7	27	25～30				
8	28	25～30				
9	36	35～40				
10	35	35～40				
11	30	30～35				
12	26	25～30				
13	39	35～40				
14	36	35～40				
15	31	30～35				
16	24	20～25				
17	30	30～35				
18	31	30～35				
19	35	35～40				
20	30	30～35				
21						

图 4-52　自动完成分组

够轻易得出每个价格分组中对应的商品价格数量：20～25 区间出现了 1 次商品价格，25～30 区间出现了 4 次商品价格，30～35 区间出现了 9 次商品价格，35～40 区间出现了 5 次商品价格。由此可见，该商品的价格通常集中在 25～30 和 30～35 这两个区间内，这个数据可以为企业产品定价提供参考依据。

4.4.4　结构分析法

结构分析又叫比重分析，是测定某个指标各个构成部分在总体中的占比情况并加以分析的方法。该方法能够说明各部分在总体中的地位和作用，一般而言，占比越大，重要程度越高，对总体的影响越大。此外，通过结构分析也可以了解企业生产经营活动的效果，如分析产品成本结构的变化,可以挖掘降低成本的途径。

结构分析的计算公式如下。

$$结构相对占比(比例) = \frac{总体某部分的数值}{总体总量} \times 100\%$$

以市场占有率为例,市场占有率是衡量企业在行业中的竞争情况、企业自身运营情况的重要指标之一,市场占有率高,说明企业经营状况好且在整个市场上具有较强的竞争力。市场占有率的计算公式如下。

$$市场占有率 = \frac{某产品总销售量}{该产品市场销售总量} \times 100\%$$

某企业产品 A 在 2020 年和 2021 年的销量及市场总销量如表 4-7 所示,根据市场占有率计算公式,可以计算出该企业产品 A 在 2020 年和 2021 年的市场占有率及每年各个季度的市场占有率。以 2021 年第一季度为例,计算该企业产品 A 的季度市场占有率如下。

该企业产品 A 的季度市场占有率 = (第一季度销售量 ÷ 第一季度总销量) × 100%
= (30 ÷ 93) × 100% = 32.26%

表 4-7　2020 年和 2021 年产品 A 的销量及市场总销量

年份	时间	企业产品 A 销量/万件	市场产品 A 总销量/万件
2020	第一季度	32	96
	第二季度	43	113
	第三季度	39	110
	第四季度	40	103
2021	第一季度	30	93
	第二季度	42	96
	第三季度	40	96
	第四季度	38	98

以 2021 年为例,计算该企业产品 A 的年市场占有率如下。

该企业产品 A 的年市场占有率 = (2021 年销售量 ÷ 2021 年市场总销量) × 100%
= (30 + 42 + 40 + 38) ÷ (93 + 96 + 96 + 98) × 100%
= 39.16%

通过以上方法计算得出该企业产品 A 的市场占有率后,可以分析出该企业 2020 年到 2021 年产品 A 的市场占有率的变化情况,该企业可以通过对比这些数据,了解自身的运营和市场竞争力状况。

4.4.5　平均分析法

1. 平均分析法的作用与类型

平均分析法是通过计算平均值的方式,呈现总体在一定时间内在特定地点某一分析指标一般水平的方法。平均分析法的作用有以下几种。

(1) 比较同类指标在不同地区、行业、企业的差异。

(2) 比较某些指标在不同时间单位内的情况,以说明其发展规律和趋势。

(3) 分析指标之间的依存关系。

平均分析法的类型主要有数值平均值和位置平均值,数值平均值主要有算术平均值、调和平均值、几何平均值，位置平均值包括众数和中位数，其中最常被用到的是算术平均值，即平均值或平均数，如图4-53所示。

算术平均值是重要的基础性数值之一，它可以被分为两种类型：简单算术平均值和加权算术平均值，如图4-54所示。

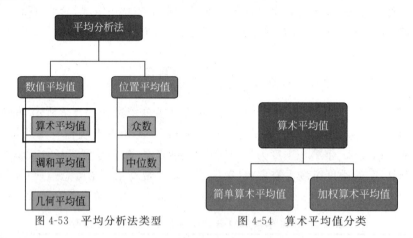

图4-53　平均分析法类型　　　　图4-54　算术平均值分类

其中，简单算术平均值是用来计算未分组指标算术平均值的方法，可以直接使用指标各单位数值的总和与指标单位个数来计算平均值；加权算术平均值是用来计算分组指标算术平均值的方法，需要先将指标各分组数值总和与各分组的指标单位个数计算出来后，再进行平均值计算。

2. 算术平均值的计算公式

简单算术平均值的计算公式如下。

$$简单算术平均值 = 指标各单位数值的总和 \div 指标单位个数$$

例如某企业单日成交了5个客户的订单，订单金额分别是3560元、5809元、6935元、5731元、8865元。计算其客单价的方式为

$$客单价 = \frac{3560+5809+6935+5731+8865}{5} = 6180(元)$$

加权算术平均值的计算公式如下。

$$加权算术平均值 = \frac{分组A指标总和+分组B指标总和+分组C指标总和+\cdots\cdots}{分组A指标个数+分组B指标个数+分组C指标个数+\cdots\cdots}$$

例如某企业三种产品的日成交客户数与单笔订单平均价如表4-8所示，计算企业客单价的方式为

$$企业整体客单价 = \frac{12\times305+8\times413+23\times377}{12+8+23}$$

$$= \frac{15635}{43} = 363.6(元)$$

表4-8　三种产品的日成交客户数与单笔订单平均价

产品	日成交客户数	单笔订单平均价/元
产品A	12	305
产品B	8	413
产品C	23	377

通过以上计算,可以获得企业的客单价,企业可以据此考虑是否需要通过调整客单价的方式来促成销售额的提升。

4.4.6 交叉分析法

1. 交叉分析法的含义与用法

交叉分析法也叫立体分析法,通常用来分析某两个变量之间的关系,如产品销量和地区的关系。该分析方法将两个有所关联的变量及其数值同时呈现在一个表格内,然后通过在 Excel 中创建透视表的方法,形成交叉表。在交叉表中,可以快速明确两个变量之间的关系。

贵州四个地区 2021 年 9 月水果的销售情况(单位:吨,如表 4-9 所示),交叉表中的列依次为五种水果的类型,行依次为四个区县地区的名称,通过交叉节点可以快速看出每个区县每种水果的销量,如凯里猕猴桃的销量为 26 吨。

表 4-9　四个地区 2021 年 9 月水果销售情况

地区	种类					行总计
	葡萄	香蕉	苹果	猕猴桃	梨	
贵阳	28	35	26	27	29	145
遵义	23	31	24	28	28	134
凯里	14	26	24	26	22	112
都匀	27	28	23	25	24	127
列总计	92	120	97	106	103	518

在交叉表中能够快速获取到以下信息。

(1) 总数据,如 2021 年贵州省四个地区五种水果的总销量。

(2) 各自总数据,如 2021 年贵州省四个地区核桃的总销量。

(3) 各自数据,如 2021 年 9 月凯里猕猴桃的销量。

通过快速获取这些数据,企业能够优化运营策略,提升竞争力。

2. 交叉分析的常见维度

交叉分析可从多个维度对数据进行分析,其常见的维度有时间、客户、地区和流量来源。

(1) 时间。时间是看指标数据在不同时间段的变化情况,如产品单价在春季和秋季的变化情况。

(2) 客户。客户是看指标数据在不同客户类型中的变化情况,如产品销量在新客户和老客户中的变化情况。

(3) 地区。地区是看指标数据在不同地区的变化情况,如产品销量在不同省份的数值变化情况。

(4) 流量来源。流量来源是看指标在不同流量渠道的变化情况,如某日成交客户来源在微信、微博、直通车等中数量的变化情况。

3. 交叉分析的过程

2021 年 A、B、C、D 四个地区中两种水果(猕猴桃、苹果)的销售情况如表 4-10 所示,下面将在 Excel 中使用交叉分析法对这组数据进行分析。

表 4-10 9 月、10 月四个地区两种水果的销售情况

日期	地区	产品	销量/吨
9 月	A 地区	猕猴桃	36
9 月	B 地区	猕猴桃	44
9 月	B 地区	苹果	50
9 月	C 地区	猕猴桃	45
9 月	C 地区	苹果	37
9 月	A 地区	苹果	51
9 月	D 地区	猕猴桃	43
9 月	D 地区	苹果	49
10 月	C 地区	猕猴桃	35
10 月	C 地区	猕猴桃	46
10 月	B 地区	苹果	47
10 月	A 地区	猕猴桃	56
10 月	B 地区	苹果	60
10 月	A 地区	苹果	54
10 月	D 地区	猕猴桃	46
10 月	D 地区	苹果	41

第 1 步,单击 Excel 菜单栏"插入"按钮,随后单击"数据透视图"按钮。

第 2 步,单击"数据透视图和数据透视表"按钮,进入创建数据透视表的编辑框。

第 3 步,在"创建数据透视图"编辑框中的"选择一个表或区域"中,输入需要处理的数据区域。

第 4 步,选择"现有工作表",在"位置"中输入将要放置新表的位置。

第 5 步,在右侧"数据透视图字段"编辑区,选择"地区""产品""销量/吨"这几个需要呈现在数据图中的指标,随后自动生成数据透视图,如图 4-55 所示。

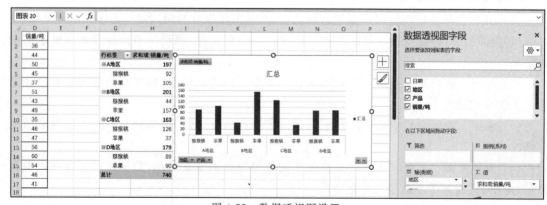

图 4-55 数据透视图设置

第 6 步,选中已经生成的数据表,在右侧"数据透视表字段"编辑区,将"产品"字段拖动到

"列"的下方。随后自动生成新的数据透视表,新的数据透视表生成后,数据透视图同时完成更新。

第 7 步,通过以上操作,表格中会同时出现原始数据、数据透视表和数据透视图,如图 4-56 所示。

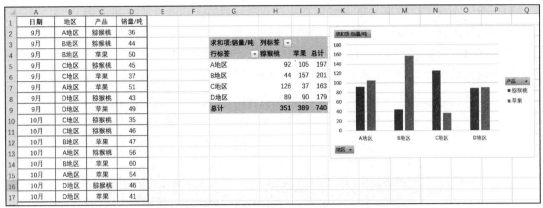

图 4-56 完成操作后的表格效果

结合数据透视图和数据透视表,可以得到以下信息。

(1) 在 2021 年 9 月和 10 月,C 地区的苹果量在四个地区中最少,为 37 吨,可见四个地区中,C 地区在 9 月和 10 月较不适合销售苹果。

(2) 在 2021 年 9 月和 10 月,B 地区的苹果销量在四个地区中最多,为 157 吨,可见四个地区中,B 地区在 9 月和 10 月较适合销售苹果。

(3) 在 2021 年 9 月和 10 月,猕猴桃和苹果总销量最多的依次为 B 地区、A 地区,销量别为 201 吨、197 吨,可见这两个地区在四个地区中较为适合同时销售猕猴桃和苹果。

(4) 除以上分析结果外,还可以清楚地看到 A、B、C、D 四个地区在 2021 年 9 月和 10 月猕猴桃和苹果的销量、总销量以及四个地区的整体销量。

4.4.7 漏斗图分析法

1. 漏斗图分析法的含义

漏斗图分析法是使用漏斗图展示数据分析过程和结果的数据分析方法。该方法适合分析业务周期长、流程规范且环节多的指标,如网站转化率、销售转化率等。漏斗图可以提供的信息主要有七个,包括进入的访次、离开的访次、离开网站的访次、完成的访次、每个步骤的访次、总转化率、步骤转化率等。

2. 漏斗图分析法的适用场景

漏斗图分析法的适用场景包括以下三种。

(1) 电子商务网站和 App。通过漏斗图分析法,展现网站或 App 转化率的变化情况,即客户从进入网站到实现购物的最终转化率。企业可以对各个环节的转化情况进行分析,并及时优化或处理问题。

(2) 营销推广。通过漏斗图分析法展现营销各环节的转化情况,包括展现、点击、访问等直到订单形成所产生的客户流量数据。企业可以分析各个环节客户数量情况及流失情况,并进行优化和问题处理。

(3) CRM。通过漏斗图分析法,展现客户各个阶段的转化情况,包括潜在客户、意向客户、谈判客户、成交客户、签约客户等。企业可以分析客户的转化数据并进行优化。

3. 漏斗图分析法的作用

漏斗图分析法可以直观展示问题,包括业务流程及其相应数据,同时说明数据规律,通过漏斗图分析法企业可以快速发现业务环节中存在的问题并及时优化和解决问题。

漏斗图是端到端的重要部分。漏斗图能实现完整闭环的数据分析,例如对企业网站浏览产品、加入购物车、生成订单、支付订单、完成交易这个购物闭环数据进行分析。客户在每个购物环节中的人数情况、占比情况及相应数据的变化情况如图 4-57 所示。

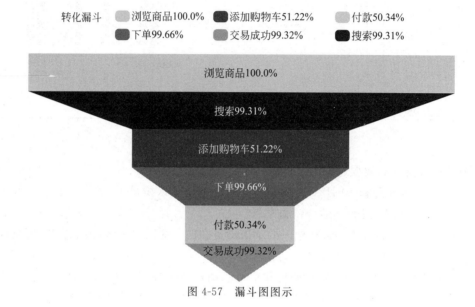

图 4-57 漏斗图图示

4. 漏斗图分析的过程

使用 Excel 制作漏斗图之前,需要获取数据,某企业网站客户转化率的统计数据如表 4-11 所示。

表 4-11 网站客户转化率统计表

步骤环节	客户数	上一节转化率/%	总体转化率/%
浏览产品	2000	0	100
加入购物车	1050	52.50	52.50
生成订单	600	57.14	30
支付订单	430	71.67	21.50
完成交易	350	81.40	17.50

第 1 步,添加"占位数据"。在 B 单元列添加"占位数据",如图 4-58 所示。

占位数据的计算公式如下:

$$占位数据 = (最初环节数据 - 正在进行的环节数据) \div 2$$

该案例中生成订单所对应的占位数据 = (浏览产品客户数 - 生成订单客户数) ÷ 2
$$= (2000 - 600) \div 2 = 700$$

第 2 步,添加条形图。选中表格中 A1:C6 区域后,单击右下角的图表标志。

	A	B	C	D	E
1	步骤环节	占位数据	客户数	上一节转化率	总体转化率
2	浏览产品	0	2000	0	100%
3	加入购物车	475	1050	52.50%	52.50%
4	生成订单	700	600	57.14%	30%
5	支付订单	785	430	71.67%	21.50%
6	完成交易	825	350	81.40%	17.50%
7					

图 4-58 添加"占位数据"

第 3 步,选择"图表"选项后,单击"堆积条形图"按钮。

第 4 步,选中数据线条,然后用鼠标右击。

第 5 步,单击"设置网格线格式"按钮。

第 6 步,在"设置主要网格线格式"区域中,单击"无线条"按钮。

第 7 步,单击"占位数据"显示条。

第 8 步,在右侧"设置数据系列格式"编辑框中单击填充图标下的"无填充"按钮。

第 9 步,选中图标左侧文字框,用鼠标右击并选择"设置坐标轴格式"选项。

第 10 步,在右侧"设置坐标轴格式"编辑区,单击"逆序类别"按钮。然后选择"标签"下的"轴旁"并选择"无"。选项。

第 11 步,经过以上操作后,得到如图 4-59 所示的漏斗图。

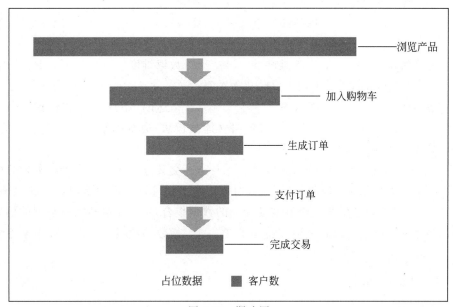

图 4-59 漏斗图

第 12 步,如果需要,可以单击 Excel 插入选项框下的"形状"按钮,对漏斗图进行美化,例如利用线条将漏斗图各部分进行连接或插入图形及文字进行数值标记,如图 4-60 所示。

通过制作完成的漏斗图,可以很直观地看到转化率与流失率的变化情况。在进行数据分析时,可以通过对比网站前后转化的漏斗图,对同一环节优化前后的数据、同一环节客户转化情况、同行业类似产品等多种情况的转化率进行比较分析。

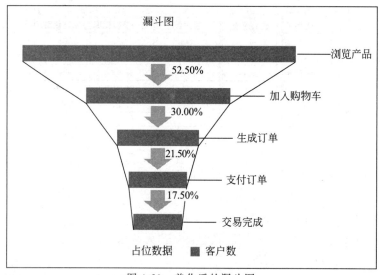

图 4-60 美化后的漏斗图

思考题

（一）单项选择题

1. 下列不属于图表中数据元素的是（　　）。
   A. 曲线　　　　　B. 网格线　　　　　C. 条形　　　　　D. 扇形
2. （　　）可以作为柱形图的 Y 轴。
   A. 时间维度　　　B. 文本维度　　　　C. 数值维度　　　D. 日期维度
3. （　　）这种类型的图表可用于反映比例关系。
   A. 散点图　　　　B. 折线图　　　　　C. 雷达图　　　　D. 饼状图
4. 数据分析有很多方法，其中（　　）也叫立体分析法，通常用来分析某两个变量之间的关系，如产品销量和地区的关系。
   A. 频数分析法　　B. 分组分析法　　　C. 交叉分析法　　D. 平均分析法
5. 趋势线是一种直观的预测分析工具，通过这个工具可以方便地从图表中获取预测数据信息。其中（　　）适用于增长或降低波动较大的数据集合，可用于分析大量数据的偏差。
   A. 线性趋势线　　B. 多项式趋势线　　C. 指数趋势线　　D. 乘幂趋势线

（二）名词解释

1. 频数与频数分析法。
2. 结构分析法。
3. 图表趋势预测法。
4. 漏斗图分析法。

（三）问答题

1. 时间序列预测法的主要方法有哪些？
2. 简述一下时间序列预测法的基本特点。

项目 5

用户行为分析

【项目简介】

用户行为分析是对用户在产品使用上产生的行为及行为背后的数据进行分析,通过构建用户行为模型和用户画像改变产品决策,实现精细化运营,指导业务增长。本项目通过在产品运营过程中,对用户行为的数据进行收集、存储、跟踪、分析与应用等,可以找到实现用户自增长的病毒因素、群体特征与目标用户,从而深度还原用户使用场景、操作规律、访问路径及行为特点等。

【知识培养目标】

(1) 熟悉行业分析、客户分析、产品分析和运营分析的目的与内容。

(2) 掌握行业分析、客户分析、产品分析和运营分析的常用方法。

【能力培养目标】

(1) 能够利用网络资源与工具软件进行行业数据采集与分析。

(2) 能够利用工具软件进行客户画像、客户价值分析、商品数据分析。

【思政培养目标】

课程思政及素养培养目标如表 5-1 所示。

表 5-1　课程内容与课程思政培养目标关联表

知识点	知识点诠释	思政元素	培养目标及实现方法
A/B 测试	A/B 测试是一种通过一些客观指标,对比不同方案来衡量哪种效果更佳的评估方法	运营策略需要不断地进行测试才能找到最优方案。人生道路亦是如此,需要不断地试错才能找到适合自己的道路	培养学生具有职业生涯规划的意识
产品迭代	产品迭代是产品生命周期中重要的一环,好的产品迭代可以帮助产品结合市场需求和用户需求等达成进一步的优化,帮助企业打造一款优秀的产品	产品通过不断地迭代才能打造出最优产品。人生亦是如此,不断学习进步,才能成就更好的自己	培养学生具有自主学习和终身学习的方法,具有学习和解决问题的能力
用户标签	用户标签(user tag)是人为定义的,对用户属性和行为高度抽象和提炼出的特征	用户进入网络就会被打上标签,商家根据标签给用户推荐适合的产品。国家也有自己的标签,这些标签由无数个公民组成,通过这些标签给世界输出自己的价值观	培养学生树立正确的世界观、人生观、价值观

【思维导图】

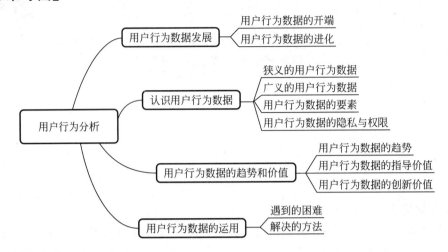

【案例导入】

小刘从某职业院校电子商务专业毕业后,一直在某品牌电商部负责运营工作,近期,同班同学小王邀请小刘加入创业大军,共同开设网店,销售家乡的螃蟹、鲜虾、扇贝等生鲜水产。

运营经验丰富的小刘决定,在创业开始前,先对市场数据进行综合分析,明确行业发展现状及市场需求,衡量这个创业想法的可行性。随后,两人开始采集市场数据。通过易观分析、艾瑞咨询等网站获取最新的行业报告,了解整个行业的发展动态,如图 5-1 所示。通过行业分析报告了解到,2015—2023 年中国生鲜电商行业规模年均增长速度超过 40%,未来提升空间巨大。

图 5-1 中国生鲜电商行业规模

结合案例,思考并回答以下问题。

(1) 以上案例中进行了哪些数据的采集与分析?有何意义?

(2) 如何注册店侦探工具,采集淘宝网销量前三页的智能手表商品销售价格与付款数据?

5.1 用户行为数据发展

2019 年 10 月 25 日的北京金茂万丽酒店宴会厅,原本只能摆放 900 个座位的场地,被满满当当地排满了 1 000 个座位。还未开场,宴会厅里就已经座无虚席,宴会厅后面有限的空间里也站满了人。正式开场后,组委会索性打开了后门,让一部分晚来的人站在厅外观看会议全程。

这已经是连续4年、第10场人数爆满的增长大会了。每年增长大会都会分享一些新的经验方法,如"增长黑客""首席增长官",还有入门级概念"AARRR模型(又称海盗模型)"。

无论是"AARRR模型",还是2018年更新后的代表着新留存增长的"RARRA模型",这些在互联网发展中掀起了旋风的增长方式,本质都在强调一件事情:对用户行为的洞察与分析。采集用户行为数据,几乎是所有互联网企业实现增长的第一步。

互联网企业相信数据是下一个时代的新能源。它们一直坚信并且努力为能利用数据资源而搭建合适的环境,互联网企业或小心翼翼地探索,或疯狂地跑马圈地,最终目的都是为了获得更多的数据资产,从而促使产生新的业务模式或竞争壁垒。用户行为数据作为能驱动商业发展的数据类型之一深受互联网企业的重视。大多数互联网企业因为没有传统企业那样丰富的经营数据,用户线上行为数据便成为它们能够获得的最有价值的数据。

真正让用户行为数据登上万众瞩目的商业舞台,并迅速向核心位置靠近的是传统企业的觉醒和入局。这些传统企业掌握着社会的绝大部分商业资源,以及经年累月积累的海量数据资产,但一直苦于无法让数据充分发挥商业价值。随着数字化转型的逐渐开展,用户行为数据正在成为引爆这些数据资产的导火索。

5.1.1 用户行为数据的开端

2015年夏天,最时髦的出租车司机会在方向盘左右架起三个手机支架,分别接入滴滴、快的和易到。从早到晚,三个平台的订单此起彼伏,司机乐此不疲地在三个平台上挑选补贴最高的订单接单。一些精明的司机悉心钻研,从而掌握了平台的补贴规律,并与同行分享,成为新晋的意见领袖。

他们的眼睛紧盯屏幕的同时,可能并没有意识到,随着在App上点击的行为越来越多,路边打车人招手的行为却越来越少。用户行为正在发生迁移,并在互联网上汇集成新的"流量"。出租车司机们想到了要多买两条充电线,因为手机不能没电,同样电话卡上也不能没钱,因为没流量就接不到订单。但没想到,"流量"竟然逐渐消失了。

之后打车平台启动了"顺风车""快车"和"专车"等新项目。平台将通过过往打车行为的数据已经被研究透彻的用户,按照购买力、出行目的等特性对他们进行分层,用不同的优惠券和权益将分层后的用户分流到这些低、中、高档的新项目中,因此留给"出租车"项目的用户大幅减少。当出租车司机从屏幕上抬起头,打算重新寻找路边"招手"的打车人时,才发现已经找不到此类乘客了。而随着新项目服务者的出现,过去出租车司机那些被乘客"忍受"的小毛病,如车内偶有的异味、长时间的尴尬聊天、随意的拒载,都凸显了自己和新项目服务者的巨大差异。打车人的消费升级了,出租车的业务模式也面临更替的挑战。

对打车人的用户行为数据分析确实使整个出行市场升级了,可惜受益的并不是拥有最多出租车资源的出租车公司,因为出租车公司几乎没有用户行为数据。

类似出行平台这样的行业案例越来越多,例如通过外卖服务从餐饮商家获得用户餐饮消费行为数据的外卖平台,通过比价服务从航空公司和酒店获得用户出行旅游数据的OTA(online travel agency,在线旅行社)等。这些新兴互联网企业的不断涌现,加速了用户行为的数字化迁移。这也逐渐惊醒了处于各行各业的传统企业,它们纷纷表示,不愿像出租车公司那样成为"俎上鱼肉"。于是传统企业纷纷开始打造自己的数字化平台,希望能够直接面向终端消费者。

5.1.2 用户行为数据的进化

面向用户,重视用户行为,是由整个社会生产能力的升级决定的。当社会进入一个生产能力相对过剩、商品供应极大丰富的时代时,卖方市场变为买方市场,弄懂消费者的所思所想成了商业竞争的核心战场。用户行为数据,既是消费者心理的体现,又是连接消费行为的关键。

目前的商业社会正在快速经历三种品牌形态的更替变化,即旧品牌、平台品牌、新品牌,如图 5-2 所示。其中旧品牌在一定程度上是大多数传统企业模式的缩影。

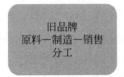  

图 5-2　商业进化历程中品牌的三种形态

1. 旧品牌

明确的分工是旧品牌显著的产业特点。原材料提供者专注于资源环节,制造商专注于生产产品,渠道商专注于各级分销代理。精细化分工极大地提升了各个环节的生产效率,实现了生产效能最大化。然而,区隔明显的分工在为产业链的各个价值增值点铸造了壁垒的同时,也阻断了数据的流通。原材料提供者不知道终端市场的波动,制造商不理解用户的需求,分销商无法选择适合市场的原料和工艺。信息的层层断点,导致旧品牌在适应市场和赢得用户青睐方面行动迟缓,濒临淘汰。

2. 平台品牌

率先变革的是渠道环节。平台品牌因为能够连接更多的消费者,逐渐代替传统渠道而成为主流,并且绑定各类旧品牌使其无法脱离。过去 20 年我国在搜索引擎、电子商务、社交媒体等方面的互联网基础建设,让各家互联网巨头成为用户行为数据的掌控者。

现在,外卖平台点餐用户的姓名、联系方式等都以虚拟加密的形式发送至骑手和商家手中,只有外卖平台才拥有用户的全部信息。几大电商平台能够导出给品牌商的数据也只剩下订单基础信息,品牌商想得到用户在平台上的数据,哪怕是用户在自家店铺的浏览和加购行为的数据也是不可能的。有些平台,甚至连消费者的联系信息也不传给企业。

平台这种加密形式虽然有助于保障用户隐私,但也使品牌商无法在交易中了解用户构成、分布及真实需求。久而久之,品牌与用户的连接能力变弱,利用数据驱动自身业务发展的机会随之消失。而平台则通过连接庞大的供需方,掌握了海量的用户数据,能全面地洞察用户,逐渐在与品牌商的博弈中成为游戏规则的制定者。

3. 新品牌

新品牌重视直连用户,即 DTC(direct to consumer,直接面对消费者)。与旧品牌不同的是,新品牌以消费者的需求为牵引力,将产业链上各个环节整合在自己手中,数据前后打通,从前到后牵动整个产业链条的联动调整,如图 5-3 所示。

新品牌与平台电商也保持着若即若离的关系,它们往往善于使用各类平台曝光自己的品牌,完成与粉丝的互动,再利用各种方式,将流量汇集到自己手里。而最重要的一对一沟通和交易环节的数据,新品牌则一定会保留在自己完全可控的私域之中。

在国外,健康睡眠智能床垫品牌 Casper、主打世界上最舒服鞋的品牌 Allbirds、美妆品牌

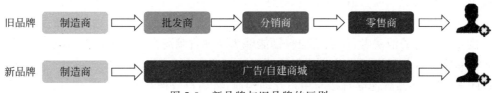

图 5-3　新品牌与旧品牌的区别

Glossier、眼镜品牌 Warby Parker 等众多 DTC 品牌都已经成为估值超过 10 亿美元的独角兽公司。

在国内，也有不少 DTC 模式的先行者，如彩妆品牌完美日记、护肤品牌 HFP（home facial pro）、洗护品牌等。其中，完美日记母公司逸仙电商成立不到四年，就在 2020 年 11 月 19 日成功在纽交所进行了首次公开募股，首日涨幅即超过 75％，总市值已达 122 亿美元。据市场公开数据显示，逸仙电商 2019 年的销售总额高达 35 亿元，同比增长 363.7％。

下面列举三家企业的转变。

有一家知名的面向年轻人群的韩国美妆品牌，它们基于自己线下几百名导购员形成的用户网络，构建私域流量池，品牌用小程序帮助它们完成与顾客的交流、互动与交易。短短 10 个月，从私域线上零成交，发展到年销售 4 亿元，这样的速度，即使欧美日系美妆大牌也望尘莫及。于是这些大牌纷纷投重金，打造小程序，但销量却不见起色。造成差距的原因在于，欧美日系大牌还是沿用传统品牌的传播思维，将小程序当作广告创意来设计，注重调性的美观，却不太重视用户的使用体验。而这家韩国美妆品牌的小程序设计不是基于品牌市场总监的审美打造的，而是将这个小程序交给一线的几百个导购员，帮助导购员向到店的顾客发送最新产品信息和使用日记，并增加他们与顾客的互动机会。通过数据采集，收集被导购员使用最多、让顾客留存最好的功能，监测裂变传播链路，帮助导购员找到愿意分享且有影响力的消费达人，为导购员构建一个个清晰的用户画像，激发他们不断尝试拓展数字化沟通的可能。基于对导购员行为和消费者行为数据的不断分析，开发团队每周更新，迭代了几十个版本，最终收获了惊喜的成功。这是一个用户行为数据助力小程序和私域运营的很好的实践。

国内一家知名的茶饮品牌早已在各大平台收获无数粉丝。但随着时间推移，该品牌发现，这些平台看似热闹，但背后更多的是对群体的影响，该品牌几乎没有办法和单独的用户互动，也无法将这些用户转化成直接的商业价值。2019 年该品牌决定重构自己与用户沟通的形式。用了一年的时间，它们构建了与用户直接沟通的平台，借助原有的品牌影响力，将 1500 万名粉丝拉入这个可以直接连接用户的自有数字平台。过去的信息资讯互动，变成生日特权、品牌日特惠、新品优享等为每一个用户量身定做的消费权益，直接刺激了用户的消费行为。通过监测它们的线上行为数据，该品牌不断调整会员权益，又通过推出月度、季度、年度付费会员的模式，遴选出用户忠诚度金字塔，实现了对各层级用户的深耕。

还有一家国内销量最高的奶粉企业，它们在探索线上自有电商三年之后发现，相比上百亿元的线下和传统渠道销售，自有线上平台的销量虽然每年翻倍，但仍然只占整体业务量的零头。过于关注订单达成，使得它们对于用户的了解并没有加深，还增加了线上自有渠道与其他渠道的冲突。之后，它们大胆地将线上自有平台改为会员服务平台，重新定位了自有平台与各大渠道的关系，将其定位于通过妈妈知识课堂、活动互动等方式促进用户互动的会员运营平台。为了与其他渠道更好地协同，它们在原有的以交易获得积分的会员体系基础上，增加了以用户线上互动行为赚取成长值的第二积分体系,并巧妙地设计了双重积分互相促进升级的双轮驱动模式,不断发掘和打造"超级用户"。事实上,所谓"超级用户",就是既有重度消费行为,又有重度互动行为的消费者,他们不但自己能够为品牌贡献超高的消费额度,还能够影响周边的人带来新客。这些超级用户的价值平均达到一般消费者的7~8倍。

DTC模式让新品牌能够直接与用户互动沟通,将用户数据掌握在企业手中。这意味着新品牌更擅长用数据进化自己的商业模式,能够真正做到以用户为中心,满足用户多样化、个性化、品质化的产品和服务需求。这也是DTC模式能让新品牌在短时间内业绩实现高速增长,越来越受到传统大型品牌零售企业重视的原因。

从旧品牌到平台品牌,再从平台品牌到新品牌,这三者间的本质差异其实是掌握用户数据量级和精度的差异。企业掌握的用户数据量级和精度越高,所在的商业环境越透明,制定商业决策的难度也就越高,胜出的可能性也就越大。

在服务客户的过程中越来越多的企业开始在平台电商之外开辟"自建平台"这一新战线,尝试逐渐降低对平台电商的依赖,通过构建私域流量池将用户数据掌握在自己的手中。大量流量开始从公域被引至私域,再由自建商城、导购员个人号等触点实现沟通与转化,这种转化和平台电商逐渐收紧对外输出用户行为数据有直接关系,争抢用户行为数据的竞争因此愈演愈烈。

5.2 认识用户行为数据

5.2.1 狭义的用户行为数据

在商业经营中,企业与用户相关的三种核心数据包括用户属性数据、用户行为数据和用户交易数据,如图5-4所示。用户属性数据指描绘用户特征的数据,根据人口统计学特征,可以从静态、动态及未来发展趋势三个方面观察用户,包含性别、年龄、职业、民族等统计变量。例如,与静态相关的身高、体重、头发颜色等;与动态相关的健康状态、受教育程度、生活所在地等;与未来发展趋势相关的从事什么工作、是否结婚、有无子女等都是用户属性数据。这些数据企业在努力收集,但效果十分有限。很多企业都希望通过填报会员卡收集用户的基本信息,如生日、联系方式等,但用户出于保护数据隐私或者根本没有耐心仔细填报等原因,最终传递至企业手中的数据往往非常单薄,而且准确率较低。

图5-4 商业经营者中的数据分类

用户行为数据指用户在商业互动过程中产生的动作数据,即用户做了什么事情。例如,用户走进线下门店,浏览货架,拿起商品又放下,挑选物品放入购物篮,这是用户行为;用户在线上商城浏览商品,阅读评论,将商品加入购物车,这也是用户行为;用户参加活动,关注文章,参与抽奖,转发评论,这都是用户行为。对于用户行为数据,很多企业并没有特别采集、识别和保存。如同门店里的摄像头,记录了门店每天发生的各种行为,但是企业基本没有识别与分析的能力,这些数据因为受存储空间限制也不会保留很长时间。

用户交易数据指用户完成支付动作后产生的相关数据,如订单金额、订单数量、订单类型、促销折扣、物流信息、退换货结果等。用户交易数据经常被存储在订单或财务系统等数据库中,是企业普遍能够拿到的较全面的数据。

很多企业能够收集到上述三种用户数据,但这些数据被存储在不同的数据库中,往往不能互相融合。其根本原因在于,这三类数据经常由会员信息管理、订单交付管理和门店经营管理三个不同的团队来处理。很少有企业会从统一的用户视角来整合所有的信息,即真正"以用户为中心"来设计自身业务和经营管理逻辑。不能融合的数据将难以发挥应有的巨大价值。

如何转变意识克服以上的问题,就需要从广义上理解用户行为数据。

5.2.2 广义的用户行为数据

如果从广义上探讨用户行为数据,其实以上三种数据都可以囊括至用户行为数据的概念之中,如图 5-5 所示。

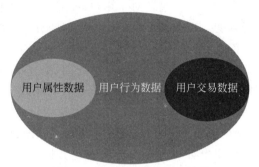

图 5-5 广义上的用户行为数据

一方面,当把交易看成一种特殊的用户行为时,用户行为数据就自然而然延展到用户交易数据的体系中。

过去把用户交易数据看成一种商务结算而非用户行为,在以订单为中心的逻辑下,有的是一笔笔订单,企业关心订单总额、订单数量,考核业绩目标完成的情况,进而指导企业内部计划预算和生产履约的过程。

但把交易与用户行为关联后,在以用户为中心的逻辑下,企业看到的将是用户的整个生命周期:用户的第一笔订单、用户的第一次复购、用户的交易频率、用户的品类选择和用户流失前的最后一笔交易。将成千上万个用户的生命周期总价值叠加在一起,就是整个企业的订单总和。

这种先细拆再积累的方式,就像"微积分"课程,刷新了人们对很多原有概念的认知,处理复杂问题的方法也变得多样。本书后面的内容都是基于这个新的视角,带领读者思考如何用全新的经营理念改善企业的业务状态。

另一方面,可以将用户行为数据和用户属性数据进行关联。其实,所有的用户属性数据都可以理解为用户过去行为的沉淀。例如,年龄是父母生育行为的沉淀、学历是过去学习行为的沉淀、婚姻状态是恋爱行为的沉淀等。这些属性数据本来就是过往若干行为数据的结果,只是这样的行为数据对于企业经营者来讲很难获得。不过无须在意,这种非业务经营场景中积累的用户属性数据对于开展业务的价值是非常有限的,真正能够影响业务的是在企业所提供的经营场景中沉淀的用户属性数据,例如用户浏览商品而沉淀的品类偏好,经常访问门店而沉淀的地理信息,填写生日蛋糕的递送日期而沉淀的生日信息,以及由支付订单的平均金额沉淀的消费力属性等。

借助算法模型还可以组合若干用户行为数据来推演用户属性数据。例如,在线教育平台上的某个用户,如果对数据分析内容的浏览时间较长,且偶尔为数据分析师进阶类的课程付费,根据这种用户行为就可以判断其可能是数据分析师且收入适中,具备一定的付费能力。实际应用的算法不会如此简单,往往会通过对数十项行为数据建立特征工程,在建立上百个特征向量后,应用各种算法预测用户的未来行为和某种属性。这种通过用户行为反推,得出用户属性数据的过程,就是给用户贴标签并迭代管理标签的过程。通过用户行为数据验算的用户属性往往包括用户的品类偏好属性、渠道偏好属性、支付能力属性、促销敏感度属性、裂变分享意愿度属性等,这些属性标签比性别、职业、教育程度、兴趣偏好等更能指导企业下一步经营计划的开展。

通过以上方式获得的用户属性数据,不再只是用户的人口统计学特征,而是可以描绘出更加立体、鲜活、有价值的用户360°画像。过往对于用户的理解是通过抽样调查得到的,或者通过第三方的群体标签画像得到的。现在基于用户行为数据的分析,这种画像的颗粒度可以精细到每一个人,这为"千人千面"的精细化运营奠定了基础。

基于用户行为数据关联交易数据勾画用户的生命周期,基于用户行为数据关联属性数据描绘用户的360°画像,这样的用户数据应用,对于企业是一次经营管理意识方面"质"的改变,和聚焦企业自身经营的视角不同,这种用户数据应用更关注用户的视角;与"内卷式"的精细化管理不同,这是真正精细化到个体用户的思维,更接近生意本质的视角。

用户数据应用的改变也催生出对于信息系统,尤其是数据系统设计的重大改变。

从广义角度来看,用户交易数据和用户属性数据融入用户行为数据的数据融合一直是很多企业IT(信息技术)部门和数据部门的痛点,但阻碍融合数据的可能不仅是技术和标准的问题,更是经营管理者的意识问题。没有融合的数据阻碍了企业挖掘数据背后重大的商业价值,降低了管理者对于使用数据的动力,减少了对于维护和获得数据资产的投入,这样的恶性循环,是很多企业先大张旗鼓开展数据中台建设,后又渐渐偃旗息鼓的原因。因为数据管理的思路和种种需求是分散的、割裂的,如何能指导系统层面的整合呢?这也是本书重点关注的问题,希望企业不仅可以在数据意识上转变升级,还能够掌握数据规划、采集、分析和应用四个关键的方法体系。

通过对广义用户行为数据的意识转变和数据融合,用户行为数据基本涵盖了所有企业经营中与用户相关联的信息。下面将介绍融合后的用户行为数据具有的特点。

5.2.3 用户行为数据的要素

在《首席增长官:如何用数据驱动增长》一书中介绍了用户行为数据由最基础的五个元素构成,即谁(who)、何时(when)、在哪里(where)、做什么(what)、怎么做(how)。随着行为数据融合用户属性、交易数据的理念转变,很多企业开始将交易数据,如订单金额、品类等上传到行为数据分析中,于是,这个五元素模型又增加了一个重要元素——做多少(how much)。这样的"5+1"要素,正体现了狭义用户行为数据与业务数据深度整合后的新的工作方式。

"5+1"要素指"谁""在什么时间""在什么地点""对什么内容""做了什么事情""产生了多少结果"。对基础要素进行逐层细拆,增加实际采集维度之后,用户行为数据就能覆盖非常多的信息,如图5-6所示。

图 5-6 用户行为数据的定义

1. 谁

"谁"这个概念在数据中不仅指用户的姓名、联系方式、身份证号等用户认证信息,还包括用户访问终端的信息。终端可细分为手机端、PC(个人计算机)端甚至摄像头端、物联网端,常见的手机端又可以分为手机号、设备号(IMEI)、openID、unionID,PC 端可以分为 Cookie、Mac 地址等。摄像头端和物联网端也会识别用户,形成独有的用户名。在数字世界中,无数个 ID 信息可能都指向同一个用户,也存在一个用户拥有同类型的多个 ID 的情况。

2. 何时

时间维度既可以包括这个行为当下发生的时间及发生的时长,也可以前后回溯统计,按照行为频率(多少次)、行为频次(第几次)等维度表示。随着基础指标的"下钻",数据的复杂度也在逐步增加。

3. 在哪里

地点维度包含了线下和线上的不同类型的位置信息。

线下信息包括由 GPS(全球定位系统)模块或者可能从北斗卫星导航系统传出的经纬度坐标信息,还可能包括由加速度传感器传来的位移信息,以及由海拔传感器传来的海拔高度信息。

线上信息包括用户从哪里来、在哪里两部分。"从哪里来"指用户来源的数据信息,可以细分为线上渠道的广告投放渠道、自然流量渠道、搜索渠道,以及线下渠道的来源,如扫码、摄像头等。"在哪里"指用户所处页面、栏目、坑位、模块等数字化载体页面的信息。

4. 做什么

"做什么"主要包括内容、产品和功能几个维度。内容可以拆解为图片、视频、音频等不同类型,其中又可以对标题、作者、字数进行更细的拆分;产品可以按照品类、价格等细节层层细拆;功能可以按照不同的子模块逐层细分。

5. 怎么做

用户行为在"怎么做"上可以分为三种:产品互动、内容互动和功能互动。产品互动一般包括浏览、加购、预约、留资、下单、支付、退换货等行为;内容互动一般包括浏览、滑动、点击、点赞、评论、分享、私信、加好友等行为;功能互动行为更复杂,根据不同的功能特点可能产生不同的行为,这里不做列举。

6. 做多少

当把行为数据和交易数据融合后,很多企业选择把订单金额、订单类型、商品明细等结果信息上传到用户行为分析的体系里,这极大地丰富了用户行为数据的价值。

基于"5+1"要素构成的用户行为数据,可以按照不同的维度进行无限细拆,用户行为数据也会由此变得越来越全面,越来越复杂。这就不可避免地要考虑用户行为数据的规划和采集问题。系统的规划和高效的采集方案密不可分,这两方面做得好,就可以大幅降低对开发人员的埋点需求。

除了传统的线上用户行为数据采集方式外,随着传感器和可穿戴设备的逐渐应用,摄像头、录音笔也成为采集数据的一种方式。例如,如果要规划更优的进店顾客的采购路线,则需要在店内安装摄像头来采集用户的行为轨迹;如果要采集店员与顾客的对话信息,则需要借助录音设备进行语音识别。这些新的方式也打通了隔绝用户线上与线下行为的通道。

5.2.4 用户行为数据的隐私与权限

随着获取用户行为数据的途径和方法越来越多,有关用户行为数据的隐私与权限问题也随之产生。

2020年8月31日,工业和信息化部提出:"任何组织或个人未经用户同意或者请求,或者用户明确表示拒绝的,不得向其发送商业性短信息或拨打商业性电话。"再次重申了用户数据隐私的重要性,同时也限制了企业的陌生电话外呼或短信外发等用于拉新的市场行为。

在国外,用户数据隐私探索得更早也更加严格。欧盟的数据隐私保护法案《通用数据保护条例》(GDPR)对用户数据包括哪些给出了清晰的定义,并对企业如何获取用户数据的方式制定了严格的规范,违反者将会被处以最高占企业总收入4%的罚款。

GDPR指出,企业不能以任何方式默认用户授权,必须以清晰的方式询问用户是否将数据使用许可权授权给企业。这意味着在未来的商业竞争中,企业不能只知道索取用户数据,而是要通过与用户建立信任关系,为用户提供优秀的产品和服务,让用户愿意将自己的数据授权给企业。企业拿到用户数据后又能反哺业务,为用户提供更优质的产品和服务,做到双赢。

理清了用户行为数据的范畴,了解了用户行为数据的定义,并且考虑了用户行为数据的隐私与权限问题,下面将讨论用户行为数据的趋势和价值。

5.3 用户行为数据的趋势和价值

5.3.1 用户行为数据的趋势

用户行为在发生数字化的迁移,这是无法改变的,属于时代发展的必然,由此衍生出"数字孪生世界"的概念,如图5-7所示。

2002年,时任美国密歇根大学教授的迈克尔·格里夫斯(Michael Grieves)在产品生命周期管理(PLM)的研究中首次提出数字孪生(digital twin)的设想。但直到2010年,digital twin一词才在NASA(美国国家航空航天局)的《建模、仿真、信息技术和处理路线图》(*modeling, simulation, information technology processing roadmap*)报告中被正式提出。

起初,数字孪生最先被应用到航空航天领域中,用来进行飞行器的远程健康管理。例如,飞行器的故障预测、飞行器的能力评估等。随着近年来云计算、大数据、机器学习、人工智能等信息技术的飞速发展,数字孪生也开始被广泛应用于工业领域中,并逐渐成为引领工业4.0的重要推手。

数字孪生既可以帮助企业降低试错成本以开展更多创新性的实验,又可以帮助企业做到更精准地预测以防患于未然。更具划时代意义的是,数字孪生打开了企业通过数字世界改造物理世界的"任意门",这可以极大地提升企业采集并可视化数据的能力,以及正确分析和应用数据的能力,帮助企业更快、更准、更好地做出商业决策,在日新月异的商业变革中做到游刃有余。

美国看到了数字孪生的巨大力量,但他们的数字孪生世界只在供给侧发展了一半,因为国

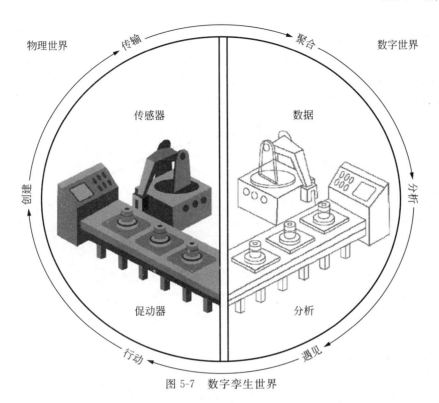

图 5-7　数字孪生世界

外没有我国超级发达的需求侧的数字化市场环境。需求侧的数字孪生即数据化营销是当下我国在数字化转型方面发展最快的地方。供给侧的数字化能降低企业的成本线，需求侧的数字化能提升企业的营收线。在数字化的进程里，如何发掘和发挥数据价值，是数字化最重要的课题之一。

目前人们正生活在一个行为可以被全面数字化的时代，无论是通过摄像头、录音设备、智能手机，还是各种交互系统，这些数字化工具将人们的所见、所为、所思、所想都复刻到了数字世界。例如手机已经不是随身的穿戴设备，而更像一个器官组织，一个长在手上接受 Wi-Fi 和移动数据的器官。若干年前人们还经常研究有各种特色的手机铃声，而现在几乎所有人都把手机调成了振动模式，因为对于很多现代人，手机不会出现在手掌外超过半米的地方。

这就是不可改变的趋势，物理世界正在不可改变地向数字世界迁移，用户的行为也必然随之迁移。谁能够率先采集、识别、分析这些行为数据，谁就掌握了打开数字孪生世界经营的钥匙。

5.3.2　用户行为数据的指导价值

针对用户的需求、提供更好的产品与服务是企业多年来的经营理念，如何用数据理解用户需求，特别是通过用户行为数据理解用户需求，这是新时代的新挑战。

可以把应用用户行为数据指导业务升级的过程分成四个步骤，包括描述用户、理解需求、设计业务、重建关系，如图 5-8 所示。

图 5-8　应用用户行为数据指导业务升级的四个步骤

1. 描述用户

从广义的用户行为数据来看,通过用户行为数据和用户交易数据的融合,就能很好地描述用户的生命旅程。例如,某行业的企业将自己企业的用户生命周期描绘成五个阶段,如图 5-9 所示,落在不同生命阶段的用户会呈现出不一样的用户价值。

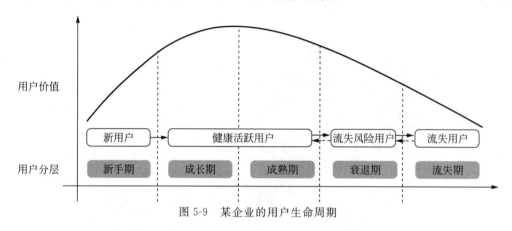

图 5-9 某企业的用户生命周期

将用户行为数据和用户属性数据融合,就能很好地描绘用户的 360°画像,某企业的用户 360°画像如图 5-10 所示,结合了用户的属性数据和行为数据,又通过模型推演出用户的偏好数据,形成单个用户 360°看板。事实上,用户的属性数据来自各类行为数据源。例如,用户的购买行为数据、用户触达渠道的数据等,根据这些用户的画像描述,企业可以根据不同的聚类选择任意用户群体,总结他们的需求。

图 5-10 某企业的单个用户 360°画像

2. 理解需求

了解用户需求的传统方法是通过市场调查或焦点小组的访谈,该方法往往通过设计复杂的调研和沟通过程,以便能够挖掘用户心里的真实想法。但是,再精准的调研也难以模拟用户在购买决策过程中的真实行为。

互联网公司,尤其是电商平台,在对某一种产品(或颜色或型号)拿不定主意的时候,会先上线一个预购商品页面,或者上线一个最后一步显示无货的商品页面。通过观察用户在页面的浏览、比较、预订或下单行为,结合第一步获得的用户所处生命周期和360°画像,精准地判断出不同类型用户对于产品的真实需求。

3. 设计业务

无论是创新业务的 MVP(最小化可行产品)阶段,还是老业务的升级迭代阶段,仔细地监测、分析用户行为数据都十分有必要。例如,如何设计产品的新用户引导才能尽快让用户找到顿悟时刻,产品如何能恰当地出现在用户的视线范围中,已有订单如何能快速被用户查看并便捷地引导"再来一单"。

在业务设计中,需要特别强调用户旅程地图(user journey map)的概念,这是指一个人在与企业接触的过程中,为了完成某个目标所经历的旅程可视化的一种工具。用户旅程地图本身便是由一系列用户行为在时间线上的排布构成的。用户旅程地图的格式,上部包括用户角色、业务场景;中部是不同时期的用户行为、想法、情感及相对应的期望和目标;底部是收获,包括洞察及对应的服务资源。从前引入用户旅程地图描述用户行为的时候,还没有太多的数据基础,更多的是一种主观的 UX(用户体验)设计方法。如今,借助用户流转地图,已经可以客观地将用户行为在已有业务流程上连贯地表示出来,方便业务管理者发现业务的瓶颈,找到新的出路。

4. 重建关系

传统企业更在意人—货—场之间的关系,讲求产品在不同场(渠道)间的动销能力,认为能够卖更多的产品、获得更高的利润,就是好的业务。如今,越来越多的企业开始关注与用户之间的关系。但这里有一个常见的错误观念,一些企业认为购买过产品的用户就是企业的用户。事实上,交易只是与用户建立关系的起点,购买同一个产品的用户,可能因为感到满意,与企业建立信任,也可能因为糟糕的购物体验,不再购买企业的任何产品。只有通过观察用户的行为数据,才能判断用户和企业关系的远近。这种远近关系是判断用户是否有可能或何时可能产生复购,以及是否会替企业传播正面口碑的重要依据。因此,重建和用户之间的关系变成了企业经营的新课题。通过改进数字化的用户旅程,可以重新构建企业与用户之间的关系。例如,根据会员系统中用户行为数据,企业可以衡量用户与产品之间的动态关系,并针对不同类型的用户关系制定个性化的维护策略。

会员管理这个古老的经营理念正在不断翻新、突破原有的模式。"路""粉""黑"这些新的用户状态已经进入商业竞争中,而这些状态的突然转换往往都是企业忽视用户行为数据,未及时干预的结果。

描述用户、理解需求、设计业务、重建关系这四个步骤,是互联网企业能够不断更新进化的关键法宝。学会使用用户数据来支撑以上四个步骤的工作方法,是企业走向数据时代的第一步。这其中看懂学会与熟练运用间的差距,就是企业间进化速度的差距。

5.3.3 用户行为数据的创新价值

当用户数据积累到一定的程度后,数据的能力将进入一个全新的预测与智能决策领域。例如每天中午浏览的外卖推荐上看到的资讯、信息,收到每条奖励,都是模型算法在支撑。

用户行为数据的应用,从原始数据处理,到标准报告生成,到专题报告,再到 BI(商业智能)分析报告,这几个阶段基本体现了数据的第一个价值,它可以告诉企业管理者自己的业务正在发生什么,是什么导致了结果的产生,获取以上信息属于业务提升的必要手段,如图5-11所示。

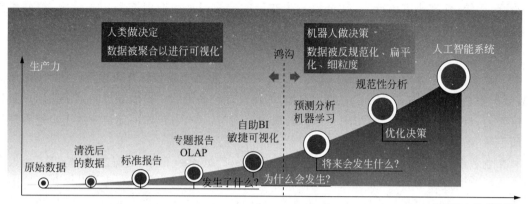

图5-11　用户行为数据的应用历程

随着数据应用的发展,企业会从中获得更多有价值的信息,如"将会发生""最优化策略是什么",在很多行业的局部场景中,数据模型驱动的机器学习和决策已经这样工作了。

在企业日常经营的数字营销领域中,预测用户的行为并执行有效的引导,对于有经验的管理者而言并不陌生,不过现在是由数据辅助决策,而不是仅仅根据经验进行判断。将企业业务创新发展的过程分为三个关键环节,即预测未来、精准营销、评估用户价值,如图5-12所示。

图5-12　企业业务创新发展的过程

1. 预测未来

过去的数据预测更多的是做出群体性的预判,例如预测通过某种形式举办某个活动后能吸引多少新用户,大部分是概率性的指导判断。但当用户行为数据量足够大时,就有机会做到对个体进行预测。如果外卖平台能够获取用户过去几年的外卖数据,那么完全可以基于这些数据预测其未来两周的外卖订单。实际上,用户自己可能都未必清楚接下来想点什么外卖,但是通过分析过去的行为,搭配相对应的外卖优惠券,外卖平台将很有可能帮助用户决定"中午吃什么"这个"难题"。从群体预测到个体预测,体现了数字时代数据分析能力的进化。

具体而言,预测未来实际上就是通过用户的既有行为预测用户选择,或者是通过各种活动引导用户选择。在以算法推荐机制为核心的App上,数据引导用户选择的现象十分常见。现在打开App会有一个很常见的现象,即产品的内容完全是根据自己过去的浏览、观看和分享行为做定制化的推送。例如,用户在A产品上喜欢看宠物内容,它就会给用户推送相关内容;如果在B产品上喜欢看古风内容,它推荐的也基本都是与古风相关的内容。

在数字世界中,用户能轻而易举地获得自己想要的内容。这意味着用户的选择可能都被平台精准预测,消费选择也可能被平台影响,每个人都有可能落入算法的茧房之中,这也是用户要警惕的数据未来。

2. 精准营销

精准营销是一个已经流行了十多年的概念,它力图解决广告投放领域的经典说法"广告费有一半是浪费了,但是不知道是哪一半"。把最有效的资源投给最需要的客户群,听上去并没有错,但随着精准投放的流行,另一个声音也响了起来"虽然转化率提高了 5 倍,但投放的人群缩小了 10 倍"。正是这个声音让精准营销饱受广告服务商和市场部的诟病,越来越多的人开始认为精准营销是一个伪命题,它以浓缩用户群体为代价,减少了可投放的人群体量,随之减少的还有相关部门的预算。

事实确实如此,目前市面上绝大部分的精准营销是基于第三方用户数据标签的相似人群扩展(look-alike)算法。尽管种子用户是企业提供的,但外围标签数据是别人的,与企业自身业务的重合度太低,这些标签不能回流给企业,难以形成数据闭环,任何的模型没有闭环都无法持续优化。广告商初步使用效果不错,在继续放大扩展范围后就会发现转化率急剧下降,浓缩群体又存在无法匹配广告位,资金无法投放的情况。如此下去广告商对精准营销失去了信心,而流量方却在不断吸收广告商种子用户的过程中,优化完善了自身用户群的标签体系。

造成以上问题的原因在于广告商没有自己的用户行为数据,无法基于自身数据建模。所谓的精准投放很多是人工挑选的特征人群包,并非模型算法聚类生成的人群(因为没有流量方会允许企业的模型运行于自己的数据上)。精准营销的概念只凸显了精准二字,还有一个更难实现的隐藏属性没有体现——高频。

如果能够实现"高频",那么质疑精准营销的问题其实就有了答案:投放量确实缩小了 10 倍,但这样的浓缩人群包,按照不同的维度,有 1000 个,已经将全国人群覆盖了 10 遍,而且随着用户行为数据的反馈,还可以每天迭代生成 1000 个新的人群包,并用算法择优推送营销方案。这样的完美答案听起来无懈可击,但对于企业拥有的数据量、模型能力、迭代速度,甚至个性物料创意的能力都是巨大的挑战。

虽然难度极大,仍然有企业可以做到。无论是传统互联网巨头 BAT(百度、阿里巴巴、腾讯),还是互联网新贵字节跳动、滴滴、美团,它们的系统都可以在很多场景实现数据的分钟级更新,动态生成无数精准人群的营销方案。这确实是差距,但也指明了传统企业入局数据驱动业务增长需要努力的方向。

3. 评估用户价值

很多年以来,用户的价值是通过历史购买行为来评估的,如果某个用户购买了企业最多的产品或服务,就会升级为 VIP 用户,根据消费金额,企业还喜欢用白金、钻石、金、银来标识这些用户的价值等级。

后来企业发现,很多自己会员体系中的低等级会员,在竞品中却是进行大量消费的 VIP 会员,所以已经产生的购买数据,并不能代表用户的潜在价值,以此做出的营销策略,往往会出现偏差。

用户行为数据的深度分析让人们可以用一种新的方式来评估用户价值——CLV (customer lifetime value,客户生命周期价值)。这是一种更高级的评估用户价值的方法,也是业务的一项重大升级。因为通过 CLV 的加和,企业看到的不仅是当下的经营收入,还可以看到自己拥有的未来价值,这对企业制定持续健康成长的战略非常重要。

海外电商平台巨头亚马逊,就是使用这种方式来评估用户价值的,它们根据用户的行为数据建模,计算出每个用户一生中会在亚马逊消费多少钱,即 CLV。基于这样的价值,它们会关注每次促销活动对单个用户CLV的影响，而不仅仅是促销对转化订单的影响。这种全新的评估方式，使得企业会兼顾转化率与忠诚度的变化，平衡短期效益和中长期收益的冲突。

国内某内容社区团队使用这样的方法重新评估用户后也收获了惊喜。他们曾通过广告收入除以已有活跃用户数得到"每位用户价值不到10元"的结论。在用户成长已经趋缓的状态下，这样的价值评估不但让团队失去了发展的激情，也让投资人黯然神伤。然而，在综合用户属性与用户行为重新建立测算模型后，他们发现该内容社区的用户在全生命周期中基于社区发布的内容会产生上百次的购买决策。如果将这些购买决策的影响力核算为用户价值，单个用户的CLV可能达数百元。看到这样的评估结论，整个团队为之一振，不但看到了公司巨大的长期发展机会，也为下一步的业务设计找到了方向。

基于用户行为数据评估用户生命周期总价值，企业的关注点在空间维度可以从单一的交易环节放大至用户在平台互动的全流程，在时间维度可以从用户初次接触，延续到永远流失的完整生命周期。这是一种全新的企业经营视角，也是一种商业文化进步的体现。

5.4　用户行为数据的运用

5.4.1　遇到的困难

大数据时代的理念已经出现很久了，对于数据价值的认知，越来越多的企业管理者也已经具备，然而成功实现数据驱动的企业仍然凤毛麟角，以下是在500多次数据驱动增长的咨询服务中，企业遇到的几类困难。

1. 需求模糊

数据中台是非常火热的系统建设类型，大中小企业都在尝试用各种方式构建自己的数据中台，需求不可谓不大。但是仔细审视大部分的建设计划，会发现基本都是从几张美好的蓝图愿景出发开始的基础建设。规划里充满了系统上线后，可以支持业务的种种可能性，但是这种可能性并不都是业务部门提出的真实需求或理解认可的业务场景。

事实上，数据驱动的世界是一个普遍存在指数级增长的世界（因为边际成本逐渐降低，当数据积累到一定程度后能够驱动的业务效果是呈指数级变化的），而人类认知世界的方式是线性的（经营者习惯性地理解增长的方式是复制、递增，而非爆炸式的增长）。这就造成了既懂数据又懂业务的专家成为稀缺资源，缺少任意一面的知识，都很难提出能够来自业务又超越当下的需求。

2. 采集缺失

数据化和数字化是伴生的关系，很多企业已经投入大量资源进行数字化建设，但并没有同步启动数据化工作。其实在开发数字化系统的同时，预设好数据采集的接口，制定好统一的数据标准，能大幅减少后期数据化工作的投入。但由于数字化进程的紧迫，企业派不出人手进行数据采集和与数据标准相关的工作。例如，如果在开发过程中预置一些简单的埋点方案，就需要几个人几天的工作，但后期却往往拖延几个月都无法实现。

3. 缺少洞察

每一个企业都有数据分析，每次的经营分析会上，企业管理者都会看到大量的数据报表，这些数据大多是对经营结果的总结和分析，因为经营数据大多来自财务和管理数据，其相对简单的维度和数据量，并不支撑数据发掘的洞察方法。但因为延续了这样的数据处理经验，当企业获得了更多、更丰富的用户行为数据后,团队能够提供的仍然是报表式的分析报告,用数据来陈列经营管理的事实,而不是借助更多的方法工具来发掘增长的机会。因此企业管理者就会认为,用户行为数据的报告也不过是一些后验的用户画像和转化漏斗。

4. 缺少策略

洞察与策略的区别在于,洞察是对问题原因的发现和机会的发掘,而策略是可以转化成行动的判断。很多企业的数据部门划分在信息部门之下,属于支撑职能,而能够调动资源、决定方向的是业务部门。如果数据工作不能和业务部门的行动策略紧密结合,那后果可想而知:大量的数据报告停留在PPT上,两个部门的交锋之处永远是数据部门提供的数据与业务部门的经验数据不符,而不是如何在数据应用过程中迭代下一步计划。

如果是企业内部想建立一个数据团队,则需要很多的专业人才,然而这类人才目前还比较少,这就导致了企业在这方面的投资往往大于回报。

5.4.2 解决的方法

根据企业开展数据化建设的经验,为了解决以上困难,将必要的步骤整理成一个数据驱动增长金字塔,如图5-13所示。构建这个金字塔的困境在于,根据美国白宫首席数据科学家DJ·帕蒂尔(DJ Patil)的研究报告显示,企业在落地数据驱动增长的过程中,仅有10%的时间和资源用在了能产生90%价值的事情上,其余90%的时间和资源都浪费在了可能只能给企业带来10%直接价值的工作上。

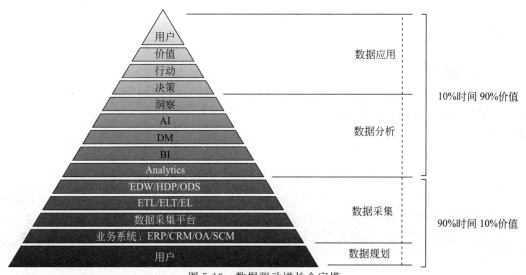

图 5-13 数据驱动增长金字塔

为了解决企业数据化建设中投入大、见效慢的困境,将必备的12项工作划分为四个重要阶段,包括数据规划(data planning)、数据采集(data collection)数据分析(data analysis)、数据应用(data application)。

以最有价值的"数据应用"终点为始,启动"数据规划",简化"数据采集"难度,标准化及智能化"数据分析"过程,最终用多样的应用场景工具实现敏捷的行动,从而实现以始为终的数据驱动闭环。

思考题

（一）单项选择题

1. 数据分析中市场类指标主要用于描述行业情况和企业在行业中的发展情况，下列属于市场类指标的是（　　）。

    A. 活跃客户比率   B. 客户复购率

    C. 平均购买次数   D. 竞争对手销售额

2. 下列不属于销售指标的是（　　）。

    A. 成交金额   B. 有效订单数

    C. 浏览量   D. 用户

3. 下列数据指标中不属于供应链指标的是（　　）。

    A. 订单满足率   B. 商品访客数

    C. 库存周转率   D. 平均配送成本

（二）名词解释

1. 用户行为数据的"5+1"要素
2. 行为数据
3. 产品迭代
4. A/B 测试
5. 用户标签

（三）问答题

1. 简述一下用户分成运营。
2. 用户数据采集过程中常见的问题有哪些？

项目 6

商务数据分析及综合应用实例

【项目简介】

电子商务数据分析人员是当今企业的急缺人才,本项目利用案例讲解,从而了解数据分析的重要性,该方面人才要掌握现代商务理论基础、数据管理和大数据技术的基础理论知识,具备基于行业需求进行数据收集、整理、挖掘、分析与呈现等能力,具有使用大数据技术进行商务数据分析与应用的岗位技能、实际操作能力和创新精神,能在商务运营类企事业单位从事运营数据分析、市场数据分析、客户数据分析、产品数据分析等工作内容。

【知识培养目标】

(1) 了解统计分析的含义、特点和作用。

(2) 熟悉统计分析报告的类型与构成。

【能力培养目标】

(1) 能够描述统计分析报告的含义、特点、作用和类型。

(2) 能够编写并利用统计分析报告。

【思政培养目标】

课程思政及素养培养目标如表 6-1 所示。

表 6-1 课程内容与课程思政培养目标关联表

知识点	知识点诠释	思 政 元 素	培养目标及实现方法
定量分析法	定量分析法是对社会现象的数量特征、数量关系与数量变化进行分析的方法	当某个现象达到一定的量的时候会产生社会现象的特征。做事也一样,勿以恶小而为之,勿以善小而不为	培养学生遵守法纪、崇德向善、诚实守信、尊重生命的品格
时效性	时效性是同一件事物在不同的时间具有很大的性质上的差异	对于某事件来说,没有在最短时间内,把信息发布出去,那就失去了应有的价值。时间观念不光对事件有影响,对人更是如此,因此要培养学生的时间自我管理意识	培养学生具有时间自我管理的意识

【思维导图】

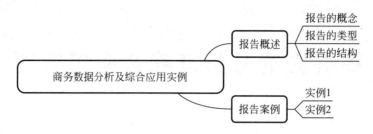

【案例导入】

网店运营经理每到月底都要做出一份详细的运营月报,以分析当月店铺整体运营情况,评价营销活动实施效果,发现存在的问题并及时进行调整。运营月报一般涉及店铺整体业绩、核心数据指标、流量结构、促销活动、客户服务、库存状况等内容。

店铺整体业绩可参考生意参谋或生意经中的数据,重点分析行业大盘增长率情况、同比增长情况、环比增长情况;核心数据指标可参考生意参谋,重点分析转化率、客单价、销售额、DSR(动态评分)、PV(页面访问数)、UV(独立访客数)、加购收藏情况等;流量结构可参考生意参谋或付费营销后台,重点分析整体流量分布结构、免费/付费比例、推广费用统计等;促销活动可参考活动展示页数据,重点分析全年活动次数/活动盈亏情况分布(以时间为轴)、活动折扣力度及活动流量产出贡献值(如力度多大流量产出最大)、活动报名失败率及失败原因分析总结等;客户服务可参考赤兔软件,重点分析询盘数、询盘率、询单转化率、客服催付成功率、响应速度等数据;库存状况可参考 ERP 系统数据,重点分析库存总量、库存金额、库存分布品类结构、滞销产品占比、少量库存的 SKU 数(如库存过少需要库存预警提醒)等。此外,还应对退款率情况及退款问题进行分析,对产品中差评问题进行总结,找出问题共性并做出调整。

数据分析报告的基础是数据报表,应预先编制完备的店铺日常运营报表,每日做好数据跟踪,到月底编写详细的运营月报等。

数据分析报告是数据分析结果的最终呈现,不同企业对报告的内容、体例、文风等要求不一。本项目围绕着数据分析报告,介绍数据分析报告的一般含义、特点、作用、类型和一般结构,为日常工作中编写数据分析报告提供借鉴和参考。

6.1 报告概述

6.1.1 报告的概念

1. 报告的含义

统计分析报告是根据统计学的原理和方法,运用大量统计数据来反映、研究和分析社会经济活动的现状、成因、本质和规律,并做出结论,提出解决问题方法的一种应用文体。对统计分析报告概念的理解应注意以下四点。

(1)统计分析是统计分析报告写作的前提和基础。要写好统计分析报告,必须首先做好统计分析。

(2)统计分析报告要遵循统计学的基本原理和方法,主要是社会经济统计和数理统计的原理和方法等。

(3)统计分析报告的基本特色是运用大量的统计数据。无论是通过研究去认识事物还是通过反映去表现事物，都是要运用统计数据。企业市场营销、销售、客户服务、运营管理等部门为统计分析提供了丰富的资料来源，编写统计分析报告就应充分运用各类数据，而且要用好、用活。运用大量统计数据，是统计分析报告与其他文体最明显的区别。因此没有统计数字的运用，就不能称为统计分析报告。

（4）作为一种文体，统计分析报告既要遵循一般文章写作的普遍规律和要求，同时，在写作格式、写作方法、数据运用等方面也有其自身的特点和要求。

2. 报告的特点

（1）运用科学分析方法。统计分析报告运用一整套统计特有的科学分析方法（如对比分析法、动态分析法、因素分析法、统计推断法等），结合指标体系，全面、深刻地研究和分析社会经济现象的发展变化。

（2）运用数字/图形语言。统计分析报告运用各类统计图、表来描述和分析社会经济现象的发展情况，让数据说话，通过确凿、翔实的数字和简练、生动的文字进行说明和分析。

（3）注重定量分析。利用统计分析部门的优势，从数量方面表现事物的规模、水平、构成、速度、质量、效益等情况，并把定量分析与定性分析结合起来。

（4）具有很强的针对性。针对企业各部门经营管理过程中的难点、热点、焦点问题进行分析，有的放矢，针对性强。

（5）注重准确性和时效性。准确性是统计分析报告乃至整个统计分析工作的生命。统计分析报告的准确性要求数字精确，不能有丝毫差错；除情况真实，不能有虚假之外，还要求论述有理，不能违反逻辑；观点正确，不能出现谬误；建议可行，不能脱离实际。统计分析报告具有很强的时效性，失去了时效性，也就失去了实用性，报告写得再好也是无效劳动。

（6）具有很强的实用性。统计分析报告是数据分析工作的最终成果，它不但包含了统计数据反映的信息，更为重要的是，它还能进行分析研究，能进行侦测、指出工作中的不足和问题，提出有益于今后工作的措施和建议，从而直接满足企业制订战略计划、管理等各方面的实际需要。

3. 报告的作用

（1）统计分析报告是衡量统计分析水平的综合标准。统计分析报告是统计分析的最终成果，在一定意义上，也是统计设计、调查、整理、分析与写作全部工作水平的综合。如果仅有较好的写作水平，其他环节都是低质量的，是不可能产生高质量的统计分析报告的。除此之外，高质量的统计分析报告还需要洞察国家方针政策，具备较强的观察能力、思维能力、创新能力、组织能力等。所以统计分析报告的质量如何，也就反映了统计分析水平如何，这是一个非常重要的综合标准。

（2）统计分析报告是传播统计信息的有效工具。统计分析报告把数据、情况、问题、建议等融为一体，既有定量分析，又有定性分析，比一般的统计数据更集中、更系统、更鲜明、更生动地反映了客观实际，又便于人们阅读、理解和利用，传播范围广，具有较大的信息覆盖面，是传播统计信息的有效工具。

（3）统计分析报告是企业运营决策的重要依据。现代企业管理必须科学决策，而科学的决策又必须依据准确、真实的数据。统计分析报告把原始资料信息加工成决策信息，比一般的统计资料更能深入地反映客观现状，更便于企业和社会各界接受利用。因此统计分析报告是企业运营决策的重要依据。

(4)统计分析报告是促进数据分析工作的抓手。统计分析报告的质量反映了统计数据分析的水平。在统计分析报告的写作过程中,能有效地检验统计工作各个环节的工作质量,发现问题,及时改进,使统计工作得到改善、加强和提高。另外,撰写统计分析报告能综合锻炼、提高写作人员的水平,全面提升数据分析人员的素质。所以编写统计分析报告也有利于促进数据分析工作的开展。

6.1.2 报告的类型

1. 说明型

说明型统计分析报告是对统计报表进行说明的统计分析报告,也被称为"文字说明",即报表说明。这种说明主要是对报表的数据做文字的补充叙述,配合报表进一步反映社会经济情况。这种补充叙述针对的主要是报表中某些变化较大的统计数字,以帮助领导审查报表,保证数字的质量,这是说明型统计分析报告的基本作用。

严格地说,这种说明型统计分析报告只是附属报表,不能独立成篇,也无完整的文章形式,但由于它也具备统计分析报告的基本特点,可以把它看成是统计分析报告的雏形。写这种说明型统计分析报告,并没有严格的要求,但要掌握以下几个要点。

(1) 文字说明要与统计报表的情况有关,与报表无关的内容不应写进文字中。

(2) 文字说明可以对整个报表做综合说明,也可以只对报表中的某些统计数字加以说明。

(3) 文字说明仅做简要分析,不宜论述过多,如需要深入研究,应另写专题分析。

(4) 说明型统计分析报告没有标题,一般也没有开头和结尾。文中的各个段落,各有其独立的内容,结构呈并列式。最好用"一、二、三、四……"来分段叙述,使说明更有条理、更清晰。

(5) 文字要简明,直截了当,全篇文字在500~1000字。

2. 快报型

快报型统计分析报告是一种期限短、反应快的统计分析报告。一般按日、周、旬、月、季度等做定期统计分析报告。快报型统计分析报告的特点是一个"快"字。按日写作的统计分析报告,常在第二天上午上班不久就要递交给主管领导,以此类推。由于这种"快"的特点,快报型统计分析报告常用于反映生产进度、工程进度、促销活动执行情况等,便于领导对生产和工作进行及时指导,所以快报型统计分析报告是企业应用较广的一种文件。

快报型统计分析报告的写作要点如下。

(1) 统计指标要少而精。因为快报型统计分析报告是一种简要的统计分析报告,指标项目要少,但要求有代表性,能反映各个主要方面的数量情况。

(2) 要有连续性。为了观察进度的连续变化和便于对比,分析报告中的指标项目要相对稳定。

(3) 标题要基本固定。例如《××网店七月付费推广情况简析》《××网店七月自然搜索流量简析》。

(4) 结构简要。通常全文分为两部分:前面列出反映情况的主要数据,后面是文字描述。

(5) 文字简明扼要,全篇文字在1000字以下。日分析报告,两三百字即可。

3. 计划型

计划型统计分析报告是一种检查计划执行情况的统计分析报告。一般按月、季、半年和年度等做定期统计分析报告。

计划型统计分析报告的写作要点如下。

(1) 检查计划是报告的中心,不但有实际数、计划数,而且要有计划的完成相对数。

(2) 检查计划执行情况的主要目的,不是单纯地进行数字对比,而是通过分析,找出计划执行过程中存在的问题,提出对策建议,以保证计划的顺利完成。

(3) 统计指标要相对稳定。在同一个计划期内,统计指标与计划指标的项目要一致,并相对稳定,以便进行对比检查。

(4) 计划型统计分析报告的标题有两种形式,一种比较固定,如《××网店七月销售计划执行情况》;另一种则可以变化,以突出某些特点,如《风在吼,马在叫,双十一在咆哮——××网店十一月销售计划执行情况分析》。

(5) 正文的结构多是总分式。开头总述计划完成情况,然后进行分析,提出一些建议。

4. 总结型

总结型统计分析报告是一种对一定时期内的情况进行总结分析的统计分析报告。通过总结分析,可以全面地认识一个地区、单位或部门的社会经济形势,或某个方面的情况,以便发扬成绩,总结经验教训,制定新的措施,为今后工作创造更好的条件。

总结型统计分析报告大多是半年、一年或一年以上的统计分析报告。从内容上看,有综合总结、部门总结及专题总结。综合总结是对地区的整个社会经济或企业整个生产经营的总结;部门总结是对部门经济(农业、工业、商业)或企业部门的总结;专题总结是对某些方面进行的专题总结。

总结型统计分析报告的写作要点如下。

(1) 总结型的对象是本地区、本部门或本单位的社会经济发展情况,并不是工作情况。

(2) 总结型统计分析报告一般有三个写作重点:一是分析社会经济发展形势,二是总结经验教训,三是提出建设性的意见。

(3) 撰写总结型统计分析报告要注意运用统计资料和统计分析方法。主要采用统计数字与文字论述相结合的方法,从数量上分析社会经济现象,从定量认识发展到定性认识。

(4) 总结型统计分析报告的正文结构大都采用总分式。开头是简要总说、背景介绍,接着写情况、形势(包括成绩与问题),再写经验体会与教训,然后写今后的方向和目标,最后写几点建议,每个部分应设小标题,使层次更分明。

(5) 总结型统计分析报告的标题可以适当变化,形式不拘一格。文字可以稍长,但语句要简洁精练,全篇文字宜在两三千字,地区与部门的报告也不应超过五千字。

5. 调查型

调查型统计分析报告是一种通过非全面的专门调查来反映部分单位社会经济情况的统计分析报告。其基本特点是只反映部分单位的社会经济情况,一般不直接反映和推论总体情况;资料和情况来源于非全面调查(抽样调查、重点调查和典型调查等),并不主要来自全面统计。

调查型统计分析报告的写作要点如下。

(1) 文章要有明显的针对性,要有具体、明确的调查目的。

(2) 要大量占有第一手材料,用数据说话,以发现其实质和典型意义。

(3) 统计资料和生动情况相结合,对于调查方法和过程不应占过多篇幅。

(4) 调查型统计分析报告的标题应灵活多样,结构形式也可以不拘一格。

调查型统计分析报告的一般安排顺序是,先概述调查目的、调查形式和调查单位之后,再用较大篇幅阐述调查情况,然后是概况的分析研究,并做出结论,最后可提出一些建议。全篇文字 1000~3000 字为宜。

6. 分析型

分析型统计分析报告是一种通过分析着重反映社会经济现象具体状态的统计分析报告。它同调查型统计分析报告的主要区别体现在以下两方面：一是，它既反映部分对象的情况，也反映总体的情况，且以总体情况为主；二是，它的资料和情况来源是多方面的，可以是调查资料、统计报表资料、历史资料等，其中又以统计报表资料较多。目前，大多数分析报告都属于这种类型。

分析型统计分析报告的写作要点如下。

(1) 分析型统计分析报告的主要内容和写作重点是反映某个社会经济现象的具体状态，一般不涉及规律性问题，要做到具体事情具体分析。

(2) 具体分析的主要方法：一是从总体的各个方面来分解和比较，如网店的流量有自然搜索流量、付费推广流量、CPS 流量、回头客流量等；二是从结构上分解和比较；三是从因素上分解和比较，如影响网店销售额的因素包括访问量、转化率、客单价等；四是从联系上分解和比较，如客户地域与客单价的联系；五是从心理、思想上分解和比较，如发放问卷调查对新产品的看法；六是从时间上分解和比较，如报告期与基期的比较；七是从地域上分解和比较，如不同地区之间的客单价的比较等。

(3) 标题应该灵活多样，结构也要有多种形式，整篇文章以 3000 字左右为宜。

7. 研究型

研究型统计分析报告是一种着重研究解决问题办法和进行理论探讨的统计分析报告。它同分析型统计分析报告的主要区别在于：分析型统计分析报告对社会现象的认识仍停留在具体状态，而研究型统计分析报告则是从具体状态上升到理论的高度，提出理论性的见解或新的观点。所以，研究型统计分析报告比分析型统计分析报告的意义又近了一步，是一种高层次的统计分析报告。

研究型统计分析报告的写作要点如下。

(1) 在研究的题目确定之后可以拟定一个研究提纲，包括研究的目的是什么，内容有哪些，需要哪些资料，如何收集，使用哪些工具和途径等。

(2) 要进行抽象与概括。所谓抽象，就是在具体分析的基础上将事物的非本质性抛在一边，而抽出其本质属性来认识事物的方法。所谓概括，就是在抽象的基础上把个别事物的本质属性，推及为一般事物的本质属性。有了正确的概括，就能认识社会经济现象中的共性、普遍性和规律性。

(3) 要多方论证，做到论述严密、说理充分、没有漏洞，从多方面、多角度、多种资料、多种事实及多种逻辑方法来论证。

(4) 标题有适当变化，但要做到题文一致，用词准确、慎重。文字容量可以大一些，全篇两三千字，以不超过五千字为宜。

8. 预测型

预测型统计分析报告是一种估量发展前景的统计分析报告。它同研究型统计分析报告的主要区别在于：研究型统计分析报告着重对趋势性、规律性进行定性研究，而预测模型是在认识趋势及规律的基础上，着重对前景进行具体的定向和定量的研究。经过预测，人们可以超前认识发展前景，对制定方针、发展策略、编制计划、搞好管理具有很大的帮助。因此，预测型统计分析报告的作用很大,属于高层次的统计分析报告。

预测型统计分析报告的写作要点如下。

(1) 全文要以统计预测为中心,其他内容都要为预测服务。

(2) 编写推算过程要注意读者对象。如果是写给统计同行或统计专家看的,可以写数学模型的计算过程。如果读者是企业领导,数学模型的计算过程可以略写或不写,而应注重数据可视化地呈现。

(3) 应注意预测期的长短。一般来说,中、长期及未来的预测,要体现战略性和规划性,不必写得那么具体,文字可以概略一些。对近、短期预测(也称预计),主要是具体地分析和估量一些实际问题,所提的措施和建议要有一定的针对性和现实性,不可写得太笼统,文字应详细、具体一些。

(4) 可用课题或论点做标题,也可用预测的结果做标题。

6.1.3 报告的结构

结构指报告的内部组织、内部构造,是对报告内容进行安排的形式。数据分析报告会有一定的结构,但是这种结构会根据公司业务、需求的变化而产生一定的调整。最经典的结构是"总一分一总"结构,主要包括开篇、正文和结尾三个部分。开篇部分包括标题页、目录和前言;正文部分主要包括具体分析过程和结果;结尾部分主要包括结论、建议和附录。下面将对这几个部分进行介绍。

1. 开篇部分

(1) 标题页。标题页通常包括标题、作者和日期。标题需要写明报告的题目,要精简干练,根据版面的要求在一两行内完成;作者是编写报告的主体,可以是个人、部门或机构组织;标题页底部一般会注明报告的提交时间。好的标题不仅可以表现数据分析的主题,而且能够引起读者的阅读兴趣。下面是几种常用的标题类型。

① 观点型标题。这类标题往往用观点句来表示,点明数据分析报告的基本观点,如"不可忽视高净值客户的保有""分销业务是公司发展的重要支柱"等。

② 概括型标题。这类标题用数据说话,让读者抓住中心,如"××公司销售额比去年增长30%"等。

③ 分析型标题。这类标题反映分析的对象、范围、时间和内容等情况,并不点明分析者的看法和主张,如"拓展公司业务的渠道""2022年运营分析报告"等,如图 6-1 所示。

图 6-1 分析型标题页示例

④ 疑问型标题。这类标题以设问的方式提出报告所要分析的问题,引起读者的注意和思考,如"客户流失到哪儿了""1500万的利润是怎样获得的"等。

(2) 目录。目录可以帮助读者快速找到所需内容,因此要在目录中列出报告主要章节的名称,如图 6-2 所示。如果是在 Word 中展现,还要在章节名称后加上对应的页码。对于比较重要的二级目录也可以将其列出来,但是目录也不要太过详细,因为这样看起来不够清爽。

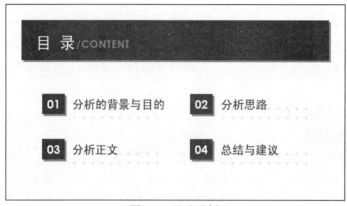

图 6-2 目录示例

另外,通常公司和企业高管没有时间读完完整的报告,他们只对其中一些以图表展示的分析结论感兴趣,所以当书面报告中有大量的图表时,可以考虑将图表单独制作成目录,以方便阅读。

(3) 前言。前言是分析报告的重要组成部分,主要有分析背景、目的和思路。前言的写作一定要经过深思熟虑,前言内容是否正确,对最终报告是否能解决业务问题,能否给决策者提供有效依据起决定性的作用。

① 分析背景。对数据分析背景进行说明主要是为了让报告阅读者对整体的分析研究有所了解,主要阐述此项分析的主要原因、分析的意义及其他相关信息,如行业发展现状等。

② 分析目的。阐述分析目的主要是让读者知道这次分析能带来何种效果,可以解决什么问题。有时将研究背景和目的合二为一,如图 6-3 所示,该报告的分析目的就很清楚,通过分析企业市场的环境变化,以及回答市场拓展中的问题,把握机会,推动工作的进展。

图 6-3 分析目的示例

③ 分析思路。分析思路用来指导如何进行一个完整的分析过程，即确定需要分析的内容或者指标，只有在相关的理论指导下才能确保数据分析维度的完整性，分析结果的有效性和正确性。此处需要注意的是目的越明确，针对性就越强，也就越有指导意义，否则数据报告就没有生命力，如图6-4所示。

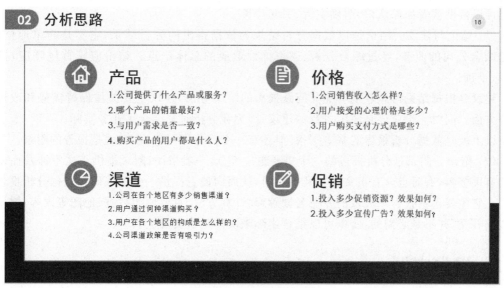

图6-4　分析思路示例

2. 正文部分

正文是数据分析报告的核心部分，它将系统全面地表达分析过程和结果。通过展开论题，对论点进行分析论证，表达撰写报告者的见解和研究成果的核心，因此，正文占了大半篇幅，如图6-5所示。

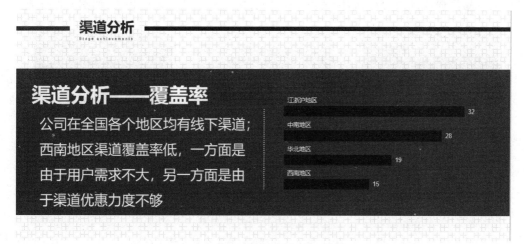

图6-5　正文示例

一篇报告只有想法和主张是不行的，必须经过科学严密的论证，才能确认观点的合理性和真实性，才能使别人信服。因此，论证是极为重要的。报告正文还有以下几个特点。

（1）报告正文是报告最长的主体部分。

（2）报告正文包含所有数据分析的事实和观点。

(3) 通过数据图表和相关的文字结合进行分析。
(4) 正文各个部分具有逻辑关系。

3. 结尾部分

报告的结尾是对整个报告的综合与总结,是得出结论、提出建议、解决矛盾的关键。好的结尾可以帮助读者加深认识、明确主旨、引起思考。

(1) 结论与建议。结论是以数据分析结果为依据得出的分析结果,它不是简单地重复,而是结合公司的业务,经过综合分析、逻辑推理形成的总体论点。结论应该首尾呼应,措辞严谨、准确。

建议是根据结论对企业或者业务问题提出的解决方法,建议主要关注保持优势和改进劣势等方面。同时它也应该是一个可行的建议,因为在分析时它结合了业务实际。

以上就是数据分析报告的基本结构,但还有一个部分不可忽视,它就是报告的附录。

(2) 附录。附录是分析报告的一个重要组成部分,一般来说,附录提供正文中涉及而未阐述的有关资料,有时也含有正文中提及的资料,从而向读者提供一条深入研究数据分析报告的途径。它主要包括报告中涉及的专业名词解释、计算方法、重要原始数据、地图等内容,附录是报告的补充,并不是必需的,所以可以结合实际来决定是否要加上。

6.2 报告实例

6.2.1 实例 1

以×××省 2017 年 1—10 月直播电商分析简报为例。

1. 整体概述

2017 年 1—10 月,A 省直播电商交易额为 5492.1 亿元,占全国的比重为 35.5%,位居全国第一;且始终保持高速增长,同比增长 131.3%,增速高于其他重点省市,如图 6-6 所示。

图 6-6　2017 年 1—10 月重点省市电商发展情况

2. 数据分析概况

(1) A 省直播电商平台分布情况。2017 年 1—10 月,全省在淘宝、抖音、快手三大主要直播平台上实现的交易额分别为 4398.4 亿元、1860.2 亿元和 466.5 亿元;其中,淘宝直播平台上的交易额占全省直播交易总额的 65.40%,处于主导地位,抖音、快手直播电商交易额占比分别为 27.66% 和 6.94%,如图 6-7 所示。

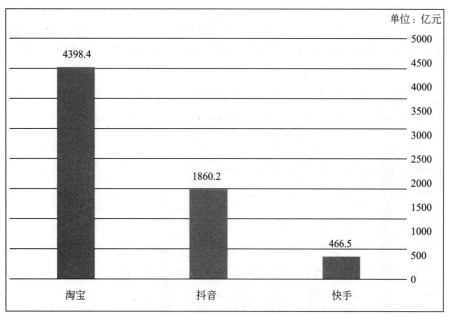

图 6-7　2017 年 1—10 月浙江省直播电商交易额平台分布情况

(2) A 省直播电商交易额地市分布情况。2017 年 1—10 月,HZ 市直播电商交易额达 5024.8 亿元,占全省直播电商交易总额的 82.5%,规模居全省第一,同比增长 128.4%。 JH 市、JX 市两市直播电商交易规模分别居全省第二、第三位,交易额依次为 380.5 亿元和 217.6 亿元,同比增长分别为 166.5%、113.5%,如图 6-8 所示。

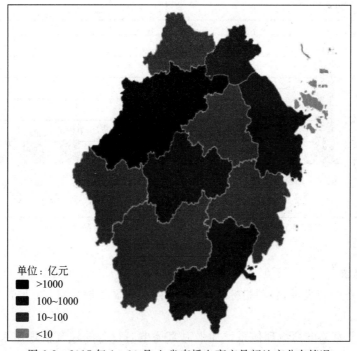

图 6-8　2017 年 1—10 月 A 省直播电商交易额地市分布情况

(3) A 省直播电商开播主播数量地市分布情况。2017 年 1—10 月，A 省开播主播数约为 19.9 万人，同比增长 27.0％；其中，抖音平台上的开播主播数为 16.1 万人，占全省开播主播总数的 80.9％。从地市分布来看，HZ 市开播主播数为 6.9 万人，占全省的 34.8％，位居全省第一；SX 市、JX 市开播主播数分别居全省第二、第三位，开播主播数依次为 4.9 万人和 2.2 万人，如图 6-9 所示。

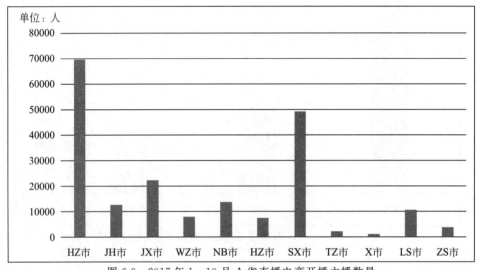

图 6-9　2017 年 1—10 月 A 省直播电商开播主播数量

(4) A 省直播热销商品品类分布。2017 年 1—10 月，全省直播带货交易额前五的商品品类分别是服装、护肤品、食品饮料、日用百货、手机数码，这五大类商品占全省直播电商交易总额的 66.1％，如图 6-10 所示。

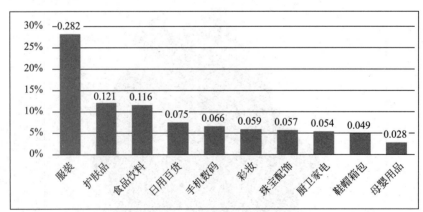

图 6-10　2017 年 1—10 月 A 省直播热销产品品类 top10

3. 总结与建议

A 省电子商务快速发展，各项指标优势明显，存在明显发展特征，以下是结合数据给予省政府的一些建议。

(1) 建立健全直播电商治理体系。加强对直播电商行为的综合治理体系建设，充分发挥电商平台、直播平台、企业、主播等多主体的协同治理作用。对主播进行分级分类管理。针对电商主播、秀场主播、娱乐主播与明星艺人进行区别对待,区分管理。根据其产业特征和发展要求制定细分领域的管理条例,引导行业规范发展。加快出台透明、明确、标准的税务指引,指导从业者做好纳税申报工作,加强税务服务赋能。

(2) 加快重塑行业信心。建议相关部门按照"最小化影响处置原则"避免造成事态扩大,加剧行业恐慌。对于问题主播,平台从严、从重、从快处理,建议行业主管部门召开主播座谈会,明确对直播电商"规范"与"发展"并举的态度,加强正面发声,让依法合规经营的主播保持"信心"避免行业遭受进一步冲击。

(3) 成立行业联盟。建议由省商务厅牵头,联合市场监管、税务等部门成立促进直播电商高质量发展的联席机制。充分发挥"中国直播电商联盟"的协调和行业推动作用,使 MCN 机构、主播的坑位费、佣金等更加公开、透明、合理。

(4) 加快明确监管执法统一口径和标准。建议尽快出台行业监管条例,拉齐执法水位,明确市场主体的责任和义务,平台配合监管部门,把好人员关、内容关、导向关。鼓励平台设立奖惩机制,加强主播合规意识培养,加强政策法规学习,促进主播依法合规经营。建议相关部门加大对借机传播不实传言、实施不正当竞争行为的监管和打击力度,促进直播电商产业合规有序、健康持久的发展,重塑公平良好的营商环境。

6.2.2 实例 2

以 2017 年汽配行业研究报告为例。

1. 汽配行业概况

(1) 市场规模。据行业统计,截至 2017 年 3 月国内汽车保有量超过 3 亿辆,2014—2016 年平均增速为 12.19%,并保持稳步增长势头。据行业数据显示,2016 年国内汽配行业的零售市场规模在 3000 亿元左右。预计 2019 年国内汽配行业市场规模将突破 5000 亿元,如图 6-11 所示。

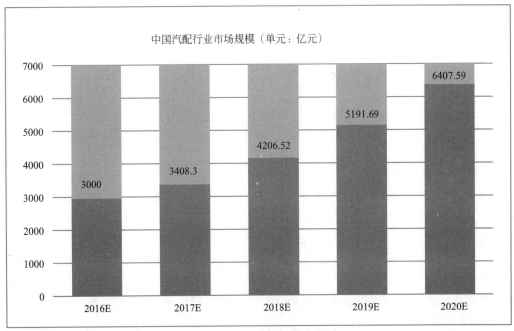

图 6-11 汽配市场规模及预测

(2) 市场主体及市场集中度。承接汽车维修保养业务的两大市场主体为 4S 店和维修店。据行业数据显示,截至 2016 年年底,国内约有 2.3 万家 4S 店和 44 万家维修店。参考成熟时期的美国市场,7% 的 4S 店占汽配行业的市场份额为 25%,国内 4S 店的占比为 5%,在国内汽配市场进入成熟期时,4S 店所占的汽配行业市场份额预测在 18% 左右,低于美国市场,与在保养车辆呈下滑趋势相吻合。维修店份额提升的背后,创新型汽配公司发挥着重要作用。由于中美两国发展模式的雷同,可以判断国内未来头部公司所占的份额与美国市场类似,大约为 30%。剩余 50% 的市场份额则由区域内的大小经销商占据。

汽配行业是一个注重历史积淀的行业,从美国市场的发展历程来看,如今的行业巨头都经历了至少 30 年的时间,才取得合计 30% 的市场份额。在国内汽配流通行业,虽然部分创新型公司崭露头角,但市场份额占比依然极低,市场整体还处于高度分散的状态。

2. 产业链分析

国内汽配行业产业链共有四大参与方:生产商、分销渠道、零售终端和消费者。由于汽配行业的特殊性,按渠道又可分为两类,即 4S 店体系和独立后市场体系,如图 6-12 所示。

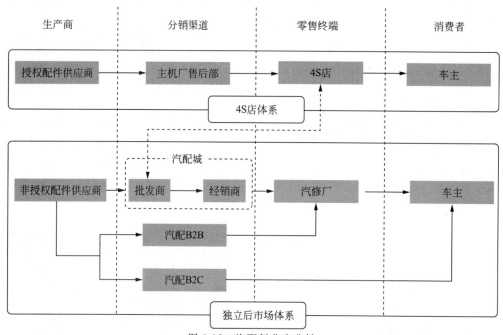

图 6-12 汽配行业产业链

(1) 4S 店体系。在 4S 店体系内,《汽车销售管理办法》自 2017 年 7 月实施后,部分非原厂配件可以进入 4S 店体系,使得批发商成为 4S 店额外的配件渠道。同时,4S 店体系内的原厂件也可以在外部进行流转,进入独立后市场体系。这种变革,一方面降低了消费者在 4S 店进行维修保养的费用,另一方面满足了消费者在非 4S 店体系对原厂配件的需求。

(2) 独立后市场体系。在独立后市场体系内,批发商和经销商的多级分销体系支撑着国内汽配市场的正常运转。由于国内汽修厂超过 44 万家,其高度分散化的现状,使得分销渠道的重要性得以凸显。汽配城作为批发商和经销商主要的聚集地,也就成了国内汽配行业发展近 30 年重要的线下场景。

除了传统链条,创新公司也在通过各种模式切入汽配赛道,瞄准这个巨大的市场。由于

4S店体系受制于主机厂等因素,新进入者较难切入,反倒是独立后市场体系内现存的诸多问题让他们看到了希望。

① 独立后市场体系内流通环节的冗长直接导致零配件从供应商到消费者,经过多重流转后价格已然翻了几倍,且整体流通效率低下。

② 国内目前尚无统一的配件编码和认证体系,而且配件信息存在很大的不透明性。流通环节中部分参与方为了获取高额暴利,售卖大量以次充好、贴牌等假冒伪劣产品。

③ 在全民重服务体验的当下,独立后市场体系服务水平的参差不齐成为制约行业发展的一大顽疾。

所以流通环节冗长、配件信息不透明和服务体验不完善成了倒逼汽配行业进行变革的重要因素。

(3) 汽配行业创新公司。近几年汽配行业涌现出很多创新公司,切入点也各有差异。康众汽配、途虎等是直接切入交易环节;好快省则是通过给汽修厂提供SaaS软件服务反向切入汽配交易环节;掏汽配通过平台撮合模式在做寄售业务,未来也会切入交易环节;车通云则通过汽配SaaS做配件信息查询业务,已经在对交易业务做布局。

按照业务模式,可以把这些创新型企业分为B2B和B2C两种,如表6-2所示。

表6-2 汽配行业创新公司模式和类型对比

公　司	模　式	类　　型
康众汽配	B2B	直营
中驰车福	B2B	直营＋加盟
巴图鲁	B2B	寄售
好快省	B2B	加盟
掏汽配	B2B	寄售
车通云	B2B	寄售
途虎	B2C	直营＋加盟
汽车超人	B2C	直营＋加盟

目前市场上的参与者主要通过B2B的模式直接服务汽修厂,省略中间环节,直接打通汽配上下游,用自主研发的供应链管理系统为终端汽修厂提供服务,如图6-13所示。

途虎、汽车超人等公司是通过B2C模式直接服务车主,车主在平台下单后,选择将配件配送到附近的汽修厂,然后汽修厂为车主提供维修保养服务,如图6-14所示。目前这种模式在部分配件品类里也可以跑通,但是局限性较大。

这种模式的局限性体现在两方面:一方面,国内车主对汽车零配件信息了解有限,在不了解故障的情况下无法进行配件选购工作;另一方面,平台方需要匹配大量线下维修店给C端车主提供专业服务,而服务的水准很难统一。

3. 总结与建议

(1) 供给端:原厂配件供应商多元化发展、非原厂件供应商占比上升。由于原厂配件种类与车型种类呈正相关关系,每年新款车型的推出将继续提升汽配行业的SKU数量。但是各主机厂之间配件的不适用性,就导致原厂配件供应商的发展依然多样化。政策上,原厂配件和非原厂配件在独立后市场体系和4S店体系相互流通的限制已经取消。由于非原厂配件在性

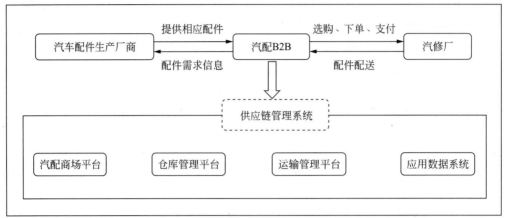

图 6-13　汽配 B2B 业务模式

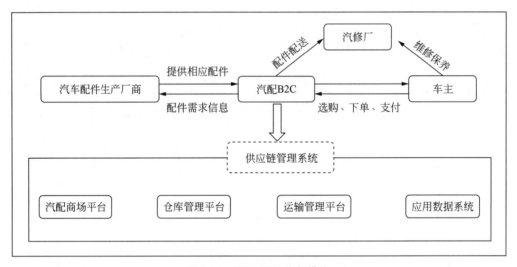

图 6-14　汽配 B2C 业务模式

价比方面更有优势,原厂件供应商为应对这种变化,已经开始下调部分配件价格。但是,即便独立后市场体系对原厂配件的需求得到释放,原厂配件销量在配件总销量中的占比依然会呈现下滑的趋势,相反,非原厂配件的占比会逐步上升。

国家对非原厂件的扶持,会直接导致大量以次充好、制造假冒伪劣配件的供应商陷入困境。而且随着发展,创新型汽配公司(汽配 B2B 和 B2C)对配件供应商的选择策略越来越集中于头部供应商,这就使得非原厂件的供应商变得越来越集中,头部供应商的市场份额逐步增加。例如,AutoZone 近几年毛利率提升的重要原因之一是自有品牌销量的提升。因此,随着汽配供应链服务商的市场份额越来越大,销售自有品牌的零配件将会是提升公司毛利率的策略之一,这就导致部分供应商成为汽配供应链服务商的代工厂。

(2) 流通环节:汽配城颓势已现,频现倒闭潮,未来将消失。汽配城作为汽配行业发展过程中的重要一环,自 20 世纪 90 年代初开始兴起,彼时这种新经营模式将众多大小经销商聚集后产生的规模效应,确实促进了行业进一步向前发展。然而,汽配城未来的发展趋势不容乐观,主要原因如下。

① 成本方面,经营状况较好的汽配城,由于客流量较大,其店铺租金也在逐年上涨,这就

加大了经销商的负担,导致经营成本增加;而经营状况差的汽配城,空租率很高,最后只能关门停止运营。

② 盈利方面,同业竞争者的增加,导致价格战频发,价格透明度也变得更高,经销商的利润空间被挤压。而且由于下游汽修厂的赊欠直接影响经销商的资金周转,也加大了经销商的经营风险。

③ 政策方面,由于汽配城假货泛滥,部分商家偷税漏税严重,导致政府监管成本居高不下。另外,在汽配城整体经营状况下滑的大背景下,汽配城对当地经济发展贡献有限,政府要通过优化土地政策对汽配城进行整顿和行业改造。

所以,汽配城作为落后的消费场景,当交易双方发生变革时,走向没落也是必然的结局。

(3) 流通环节:批发商和经销商会一直存在,积极转型会焕发生机。作为汽配行业流通环节的重要参与方,批发商和经销商分别扮演着不同的角色。其中批发商数量一般较少,主要集中于北上广等一线城市,尚未形成大型连锁体系。他们直接从国外进口或从国内零配件厂商处购买零配件,然后分销给下游经销商。

作为批发商下游的经销商,数量众多且高度分散。他们主要通过从批发商处进货,然后对接终端维修厂,往往有多层级分销体系。

虽然汽配城已经开始走下坡路,但是批发商和经销商生存状况依然比较乐观,主要原因如下。

① 国内汽配行业的市场规模还在继续增大,创新型独立汽配连锁公司在市场中所占的比重依然极小,大部分还需要原有的流通体系去消化。

② 虽然汽配城作为天然的经销商聚集地,其地位有所下滑,但是一批具有先进经营理念的批发商和经销商开始注重自有品牌建设,通过连锁等形式,逐步摆脱汽配城的限制。在已有客户资源的基础上,积极拓展新客户。

③ 随着国家政策对配件流通限制的放开,4S 店体系对非原厂件的需求也在增加,对批发商和经销商属于利好机会。

④ 从美国成熟市场的现状来看,区域经销商的市场份额占比依然很大。类比国内其他业态,如家电类,苏宁、国美的崛起并没有把经销商全部消灭。

但需要明确的是,只有转变经营理念,注重品牌建设和客户服务,提高自身运营效率,才能更好地应对外部竞争。部分批发商和经销商未来会被汽配 B2B 供应链服务商整合,运营效率低下的中间环节仍然会随着时间阶段性被淘汰。

(4) 需求端:独立后市场体系的份额提升,4S 店体系份额继续下滑。在国内 2 亿辆汽车保有量中,目前在保车辆占 1/3。长远来看,随着新车销售增速逐步放缓,国内乘用车平均车龄在平稳增加,在保车辆占比将会呈下滑趋势。4S 店体系目前正在面临新车销售利润下滑的窘境,但是由于主机厂对 4S 店的考核指标仍然以新车销量为主,导致维修保养服务很难成为发展重点。而且,从政策角度看,目前针对保修期内使用非原厂配件,甚至在非 4S 店体系进行维修保养后不能保修的限制已经放开,将直接导致部分在保用户的维修保养需求外溢。

所以,作为汽配行业两个重要终端消费场景,独立后市场体系的市场份额会逐步提高,4S 店体系的份额会继续下滑。

(5) 供应链:供应链管理将成为独立汽配服务商的核心竞争力。供应链管理体系包括商城平台、OMS(订单管理系统)、WMS(仓库管理系统)、TMS(运输管理系统)等数据管理系统。

商城平台包括商品管理、订单管理、支付系统、客服系统等，订单管理系统与仓库管理系统、运输管理系统多向打通。仓库管理系统服务于各级仓库的入库、分拣、仓库调拨、出库等业务，前端对接商城平台的订单系统，对所有订单实时响应，后端对接运输管理系统。运输管理系统通过对车辆、驾驶员、路线等进行优化，提高运作效率，降低运输成本。

这一套后台系统的互通互联保证了零部件可以高效地从厂商配送到汽修厂。所以新型汽配服务商的出现，在满足汽修厂对配件需求的同时，开始注重对汽修厂的全流程服务。从技术上看，供应链体系的搭建和逐步完善以及配件信息化的落实切实提升了维修厂的维修效率，帮助它们提效增收。在独立后市场体系内，供应链管理能力将逐步成为汽配服务商的标配。创新型汽配服务商通过供应链体系等增值服务，使客户满意度和客户黏性得到了极大的改善。

思考题

（一）单项选择题

1. 数据化运营创新的内容较为广泛，根据管理层次由低到高可以分为（　　）。
   A. 营运分析、业务指导、经营策略和战略规划
   B. 业务指导、营运分析、经营策略和战略规划
   C. 业务指导、经营策略、营运分析和战略规划
   D. 业务指导、营运分析、战略规划和经营策略
2. 评估流量质量最核心的指标是（　　）。
   A. 转化率　　　　　　　　　　　B. 浏览量
   C. 访客数　　　　　　　　　　　D. 跳失率
3. （　　）分析维度主要分析数据在推广过程中的表现，重点关注的指标包含投入产出比。
   A. 用户　　　　　　　　　　　　B. 产品
   C. 流量　　　　　　　　　　　　D. 市场
4. 在进行（　　）时，需通过产品需求分析、内容建设、客户维护、活动策划、产品运营渠道建设等环节来连接客户和产品，通过优化客户产品体验使客户接受和喜爱产品。
   A. 内容运营　　　　　　　　　　B. 产品运营
   C. 活动运营　　　　　　　　　　D. 新媒体运营
5. 可以用相对低的成本在企业网页、App等一次性集成SDK，让企业可以智能监控、分析、预测数据化运营执行过程和结果的跟踪方法是（　　）。
   A. 官方数据跟踪　　　　　　　　B. 第三方数据跟踪
   C. 数据埋点跟踪　　　　　　　　D. 无数据埋点跟踪

（二）判断题

1. 数据化运营的侧重点是"数据化"，"运营"则是手段。（　　）
2. 数据化运营方案的制定需要充分考虑到行业状况和业内竞争对手的竞争态势，有针对性地对数据化运营流程、方法进行设计。（　　）
3. 在SWOT分析模型中，机会与威胁属于内部环境，一般同时分析。（　　）
4. 从产品生命周期来看，处于初创期的产品，由于资源不足，用户量级也不够，一般可以不做用户生命周期管理。（　　）

5. 对于一个刚起步的企业来说，刚开始用户运营的目标主要是积累客户，这个阶段需要重点关注流量指标，例如访客数、浏览量、新用户数等。（   ）

（三）名词解释

1. 定量分析法。

2. 时效性。

3. SKU。

参 考 文 献

[1] 胡江华,杨甜甜.商务数据分析与应用[M].北京:电子工业出版社,2018.
[2] 张溪梦,邢昊.用户行为分析:如何用数据驱动增长[M].北京:机械工业出版社,2021.
[3] 北京博导前程信息技术股份有限公司.电子商务数据分析基础(初级)[M].北京:高等教育出版社,2020.
[4] 北京博导前程信息技术股份有限公司.电子商务数据分析概论(中级)[M].北京:高等教育出版社,2020.
[5] 北京博导前程信息技术股份有限公司.电子商务数据分析实践(高级)[M].北京:高等教育出版社,2020.
[6] 杨伟强,湛玉婕,刘莉萍.电子商务数据分析[M].北京:人民邮电出版社,2021.
[7] 孟刚.电子商务数据分析与应用[M].北京:中国人民大学出版社,2021.
[8] 刘清云.消费者心理学[M].北京:中国人民大学出版社,2021.
[9] 刘剑,赵仕红,刘爱芳,等.现代消费者心理与行为学[M].北京:清华大学出版社,2016.
[10] 毛帅.消费者心理学[M].2版.北京:清华大学出版社,2020.
[11] 杨云江.计算机网络基础[M].4版.北京:清华大学出版社,2023.
[12] 王英龙,曹茂永.课程思政我们这样设计(理工类)[M].北京:清华大学出版社,2020.
[13] 王焕良,马凤岗.课程思政设计与实践[M].北京:清华大学出版社,2021.